读懂黄河

绿色低碳发展

主　编　许　强　范宣梅　黄　寰

副主编　林汐璐　王　潇　杨　扬

编　写　姚西恒　王三格　闫　天　刘佳良　刘丹丹　钟　萍
龙江兰　胡川婷　刘臻怡　罗语嫣　张榕哲

希望出版社

图书在版编目（CIP）数据

读懂黄河·绿色低碳发展 / 许强著. —太原：希望出版社，2024. 12
ISBN 978-7-5379-9297-8

Ⅰ. K928.42-49

中国国家版本馆CIP数据核字第2025AC9688号

图片代理：人民图片网

DUDONG HUANGHE . LUSE DITAN FAZHAN

读懂黄河·绿色低碳发展

出版人　王　琦
责任编辑　张　平
复　　审　扆源雪
终　　审　傅晓明
封面设计　王　蕾
责任印制　李　林　李世信

出版发行　希望出版社
地　　址　山西省太原市建设南路21号　邮编：030012
经　　销　新华书店
印　　刷　三河市恒彩印务有限公司
规　　格　720mm × 1000mm　16K　印张：11
版　　次　2025年3月第1版
印　　次　2025年3月第1次印刷
印　　数　1—5100册
书　　号　ISBN 978-7-5379-9297-8
定　　价　52.80元

目录

第二章　绿色工业

第三章　绿色服务业

第四章　绿色生活和发展方式

▼赤溪村牢记“绿水青山就是金山银山”的理念，走出一条“旅游富村、农业强村、文化立村、生态美村”的发展路子

前言

黄河是中国第二长的河流，它发源于青藏高原上的巴颜喀拉山脉，是中华文明诞生的摇篮。然而，在历史长河中，黄河也经常发生水患，给生活在河边的人们带来了不少麻烦。到了近现代，人们不合理地开发土地和排放工业废水，使得黄河的身体变得越来越不健康。

2012年，联合国可持续发展大会提出“绿色经济”的概念，这意味着在发展经济的同时也要保护好大自然。之后，在党的十八大上，我们国家提出了一项新的计划，其中包括加强生态环境保护。这标志着中国开始了一个全新的绿色发展阶段。

紧接着，在2020年4月23日，习近平总书记在陕西考察时进一步强调了这一理念，他指出：“要牢固树立绿水青山就是金山银山的理念，统筹山水林田湖草系统治理，优化国土空间开发格局，调整区域产业布局，发展清洁生产，推进绿色发展，打好蓝天、碧水、净土保卫战。”总书记还特别提到，要坚持不懈开展退耕还林还草，推进荒漠化、水土流失综合治理，推动黄河流域从过度干预、过度利用向自然修复、休养生息转变，以改善流域生态环境质量。

随着这场环保运动的发展，生活在黄河两岸的人们也开始尝试采用更加环保的方式来生活和发展。他们利用互联网的帮助种出了各种美味的瓜果蔬菜；还把黄河里的泥巴变废为宝，做成了对环境改善的建筑材料。有些人专注于研究绿色科技，希望通过科技创新促进经济的可持续发展；有些人则努力践行绿色生活方式，建设美丽和谐的生态城市。

在这本书里，我们将跟随琪琪的脚步一起探索黄河的故事。通过一系列关于绿色农业、绿色工业、绿色服务业以及绿色生活的精彩故事，小朋友们将了解到这些做法是如何创造出令人惊喜的变化的。让我们一起踏上这段奇妙之旅吧！

第一章　绿色农业

▲黄河边的丹霞地貌

黄河绿韵，丰收新篇

“我站在高山之巅，望黄河滚滚，奔向东南。”滚滚黄河，母亲之河，就像妈妈用乳汁哺育孩子成长，黄河也用它那源源不断的水流养育了一代又一代的中华儿女。

中国最早的农业文明就是在黄河流域开始的。黄河给人们带来了丰富的水源、肥沃的土地和广阔的平原。如今，人们正利用科技的力量，通过绿色农业来延续五千年的农业传统，并为黄河寻找新的发展之路。

那么什么是绿色农业呢？简单来说，就是一种既关心土地资源的合理

▲ 俯瞰南水北调中线工程

使用，又注重保护环境，还能保证食品健康安全的农业方式。同时，绿色农业还追求高产量、高效率以及经济收益，通过科学种植等方法，在保护生态的同时也能让农民获得更好的收入。

在发展绿色农业时，不同地方的人们会根据当地的具体情况采取不同的措施。比如，在黄河上游地区，因为这里的生态环境比较脆弱，所以人们会选择种植一些价值更高的作物，并且实施严格的生态保护措施，这样既能保持良好的生态，又能增加农业收入；在中游地区，由于存在严重的水土流失和荒漠化问题，人们就会研究新的作物种类、改善土壤质量并植树造林，用一系列绿色的方法将荒地变成绿洲；而到了下游，面对盐碱化的挑战，人们则采用立体农业的方式，通过一系列环保行动实现了粮食的大丰收。

当黄河与绿色农业相结合时，就为古老的中华农业文化增添了新的活力。未来有一天，生活在黄河边上的中华儿女将会自豪地说："我站在绿山之巅，望着清澈的黄河水，岸边是一片金黄色的丰收景象。"

花园口的红薯香甜可口，背后还藏着科学种植的秘密

神奇红薯大发现

“花园口红薯，是河南省郑州市惠济区的特产，还被认定为全国农产品地理标志呢。”餐桌上，爸爸看着面前的红薯说道。

“爸爸，花园口是什么样的地方啊？”琪琪好奇地问道。

爸爸笑着说：“花园口是个风景美丽的地方，有很多古老的遗迹，是郑州城郊一个很有名的旅游景点。而且那里种植红薯的方式很特别，用的是有机种植。”

爸爸拿起一块红薯掰开给琪琪看，“你看，这红薯里面没有渣也没有丝，吃起来又细腻又甘甜，营养也很丰富。这就是花园口有机种植的好处。”

琪琪点头说：“嗯，我感觉这个红薯真的很好吃！爸爸，他们是怎么种出来的呢？”

“要种出这么好的红薯，首先是因为那里的自然条件非常好。花园口位于黄河滩上，土壤是一种红色的沙壤土，含有丰富的矿物质和微量元素。再加上那边昼夜温差大，有利于植物积累更多的营养成分，所以长出来的红薯既香又甜。”爸爸解释道。

“可是，很多地方都有这样的好条件呀，为什么只有花园口的红薯这么特别呢？”琪琪疑惑地问道。

▼黄河花园口

"问得好，琪琪。除了自然条件外，花园口还用了许多科技手段。以前这里也遇到了问题，比如连续多年种同一种红薯后，品质和产量都下降了，后来发现是由于昆虫传播的病毒造成的。科学家们经过研究，发明了一种去除红薯中病毒的技术——红薯脱毒，这样红薯就能健康生长了，不仅产量增加了，质量也提高了。"爸爸耐心地说。

"哇，科技的力量真厉害！"琪琪惊叹道，

知识点

有机种植，是指在植物生长的过程中使用完全自然原料的种植方式，包括施肥、土壤改良和病虫害控制方法。

然后又咬了一口红薯。

“不仅如此，”爸爸接着说，“花园口还非常注重土地的休息。每年的11月到次年的3月，他们会停止种植，让土地休息恢复，以便下一次种出更好的红薯。此外，他们采用了‘合作社+基地+农户’的合作模式，提供优质的红薯种子，制定统一的种植标准，并且定期进行技术指导。最后，还会统一加工和包装，形成了大规模、高质量的生产基地，打造出了知名品牌。我想，这些才是花园口红薯能够持续发展的关键原因。”

知识点

红薯脱毒技术，切下带毒植株上的顶部生长点，进行组织培养，产出小苗，检测选出无毒种苗进行繁殖培育。

听完爸爸的话，琪琪更加珍惜手中的红薯了。“原来小小的一块红薯背后有这么多故事，真是想不到啊。”他感叹道。

▼黄河花园口旅游区

黄河水里的泥沙挡不住聪明的科技工作者，他们让葡萄喝上了“特制饮料”，酿出了美味的葡萄酒

黄河泥沙变美酒

吃晚饭的时候，琪琪的妈妈端上了一盘香喷喷的牛排。爸爸拿出了哥哥从宁夏出差带回来的葡萄酒，准备小酌一杯。琪琪闭着眼睛品尝着那块鲜嫩的牛排，开心地说："嗯，七分熟的牛排配上妈妈做的酱汁，真是太好吃了！妈妈的手艺真棒。"

大家都被琪琪的话逗笑了。"看来今天琪琪成了个小美食家呢。"爸爸笑着说，"不过，要说好吃，这牛排和葡萄酒才是绝配哦。"说到这里，爸爸突然来了兴致，对琪琪说："你知道吗？爸爸现在喝的这瓶葡萄酒可不一般哦。"

琪琪有点好奇：一瓶葡萄酒能有什么特别的呢？他盯着爸爸手里的酒杯看了半天，还是没看出什么名堂，便问："爸爸，这酒有什么特别的吗？"

爸爸神秘一笑，卖了个关子："那我先考考你，你知道什么叫节水农业吗？"

琪琪自信满满地回答："我知道啊，就是给植物浇水时要节约用水，比如滴灌、喷灌这些方法。"

"说得不错，"爸爸点头称赞，"其实，这瓶葡萄酒用的就是一种特殊的节水农业技术种出来的葡萄酿造的。但这种技术你可能还没听说

知识点

滴灌，就是用管道将水通过小的孔口或滴头送到农作物的根部进行局部灌溉。滴灌是目前干旱地区最有效的一种节水灌溉方式，滴灌与施肥相结合，还可以提高肥效，灌溉用水的利用率也可达95%。但它也有不足之处：如滴头易堵塞，需要对水源进行严格过滤；成本比较高，普通的农户较难承担，等等。

▼葡萄园

▲滴灌土豆

小小地理学家的话

宁夏回族自治区贺兰山东部地区的气候条件，对种植优质酿酒葡萄十分有利，利用这个优势，宁夏在这里建起了一个专门种植酿酒葡萄的大基地，还打造了一条叫做“世界第一葡萄旅游生态文化长廊”的特别路线。这样，不仅种葡萄变得绿色环保，还能吸引很多游客来参观游玩。这样一来，既能让经济得到发展，又能保护好环境，真是一举两得的好办法！

过呢。”

听到这儿，琪琪的兴趣更浓了，问道 :“是什么新奇的技术呀？”

爸爸耐心地解释道 :“在贺兰山东边有一片非常适合种植酿酒葡萄的地方，可是那里的土地是沙质的，不容易留住水和肥料。后来人们想到了滴灌的办法，但很快就遇到了新的问题。”

看到琪琪听得津津有味，爸爸接着说 :“那里的人们通常会用黄河水来灌溉葡萄园，但黄河水里有很多泥沙，容易把滴灌的管子堵住。所以他们只能继续使用老办法——大水漫灌。这样不仅浪费了很多水，还可能导致土壤变差。”

“那黄河里的泥沙会不会越来越多呢？”琪琪担心地问。

“确实有可能，如果一直这么下去，黄河流域的一些地方可能会失去更多的土壤，河水也会变得更浑浊。但是别担心，聪明的科技工作者已经找到了解决办法！”说着，爸爸又举起了酒杯。

品味片刻后，爸爸继续说道 :“科技工作者发明了一种叫做‘黄河含沙水自流滴灌’的新技术，能够直接用含有细小泥沙的黄河水进行滴灌，既省水又能提高葡萄的质量。这样一来，葡萄酒的味道也更好了。”

“原来如此，科技工作者真是太有智慧啦，有机会我也要去见识见识这套高科技灌溉技术。”琪琪兴奋地说道。

黄河三角洲的盐碱地不再是难题，科学家们用智慧和科技让它们变成了绿意盎然的宝地

盐碱地的绿色变身记

午饭后，琪琪和爸爸坐在沙发上看电视。电视上农业频道正在报道黄河三角洲地区的土壤情况："我国的黄河三角洲地区有大约23万平方千米的盐碱地没有被利用。"

"爸爸，为什么黄河三角洲会有这么大一片盐碱地呢？是因为人们灌溉农田时用错了方法吗？"琪琪好奇地问。

"这确实是原因之一，"爸爸回答，"还有气候因素。如果一个地方雨水少但蒸发量大，土壤里的盐分就会慢慢积累在表面，时间久了就形成了盐碱地。另外，河水渗入土地也会使地下水位上升，导致盐分累积；靠近海边的地方还可能受到海水倒灌的影响，形成盐碱土。"

"那有没有办法让这些盐碱地变得有用起来呢？这么大的地方空着多浪费啊！"琪琪有点惋惜地说。

"你这个问题问得好，还真有办法。"爸爸眼睛一亮，似乎想到了什么，立刻起身走向书房。琪琪跟着爸爸来到书房，看见爸爸从书架上翻出了一份旧报纸。

"找到了！你想不想知道怎么把黄河三角洲的盐碱地变成宝地呢？"爸爸得意地问。

"想啊，爸爸快告诉我吧！"琪琪兴奋地说。

爸爸指着报纸上的内容说："其实，只要用对了方法，盐碱地也能变成宝贵的资源。比如，在盐碱地上种一些特别能适应这种环境的树，不仅能改善土壤，还能帮助农民增加收入。"

"哦，原来是这样。"琪琪点点头，爸爸继续解释道："进入21世纪后，科学家们发明了一种新的改良盐碱地的方法。这种方法是基于生态系统的理论来设计的。"

看到琪琪有点困惑，爸爸耐心地解释："简单来说，就是根据不同的土壤情况种植不同的植物。比如，在盐碱地上可以种植耐盐的牧草。黄

知识点

盐碱土包括盐土和碱土，土壤肥力较差，有机质含量少，土壤中含有较多对作物有害的成分，导致作物生长受挫。而采取洗盐、平整土地、增施有机肥等举措，可以降低土壤盐分，达到改善土壤盐碱化的效果。

河三角洲的人们结合智能农业机器和现代信息技术，努力打造一个现代化的生态牧草基地。他们采用高投入、高产出的方式，提高水和肥料的使用效率。”

“我还是不太明白，怎么才能把盐碱地变好呢？即使再怎么改进，它不还是盐碱地吗？”琪琪皱着眉头问道。

“这里的‘变好’是指一种科学的种植方法。首先，我们会根据土壤含盐量的不同，将盐碱地分成几个等级：无盐碱、轻度盐碱、中度盐碱和重度盐碱。然后，根据不同等级的土地种植适合的作物，比如粮食、

优质牧草或者经济作物。这些都是通过仔细研究各种植物的耐盐性、适应性和经济效益得出来的结果。”爸爸详细地解释道。

“而且，这种模式还需要利用生态系统工程技术，选择合适的作物品种，并适当使用生物有机肥来降低土壤中的盐分，提高土壤质量。我们还会建立一套完整的监控系统，用信息技术来监测和管理土壤的情况。这样一来，就可以更聪明地利用这些盐碱地了。”

“哇，真是太棒了！这就是现代化的智慧农业，既能提高土地利用率，又能保护环境。”琪琪赞叹不已。

小小地理学家的话

盐碱地生态种养循环模式的使用，不仅对黄河三角洲地区的环境保护和绿色经济发展有很大帮助，而且还能为全国其他地方如何改善和利用盐碱地提供一个很好的例子。

▼黄河农民借助黄河水资源开垦盐碱地，种植农作物

“蓝色农业”让海洋和湿地焕发生机，实现环保与致富双赢：

黄河三角洲的“蓝色农业”

生物课上，琪琪的老师讲到了黄河三角洲的一个问题：从1990年开始，一种叫做互花米草的植物从北美洲的大西洋岸边来到了黄河三角洲。这种

植物在盐沼湿地里迅速生长，把当地原来的植物都挤走了，严重影响了那里的生态系统。

听到这个消息，琪琪很担心，回家后就把这件事告诉了爸爸。爸爸最近正好也在关注黄河三角洲的新闻，他安慰琪琪说："别担心，国家已经计划好了怎么解决这个问题。不过，在我告诉你之前，你知道什么是'蓝色农业'吗？"

琪琪摇摇头说："我知道绿色农业，但没听说过蓝色农业。"

知识点

互花米草的繁殖能力强，对气候、环境的适应和耐受能力突出，在黏土、粉砂土中均能成活。

▼黄河三角洲国家级自然保护区

▼黄河三角洲国家级自然保护区

“蓝色农业就是指在水里进行的各种养殖活动，比如养虾、贝类、海藻和鱼等。它强调的是保护环境，比如修复湿地、清理海岸线、定期检查水质等。”爸爸解释道。

因为爸爸以前经常讲生态发展的事例，所以琪琪对这些词有些熟悉，于是问道：“爸爸，蓝色农业能赚钱吗？是不是也能像你说的那样，既能保护环境又能帮助人们致富呢？”

小小地理学家的话

海洋生态环境保护工作十分重要，我们要努力推动海洋开发方式向循环利用型转变。而蓝色农业绿色发展的开发新模式，正是节约用海理念的再现。

“你猜得没错，”爸爸点头说，“黄河三角洲地区淡水不多，水污染也比较严重，所以发展蓝色农业特别重要。他们正在尝试一种新的方式，叫作生态农牧化模式。简单来说，就是在不同的地方做不同的事情：在盐碱地上种牧草，让动物吃；在滩涂上养海鲜；在浅海里养鱼和其他海洋生物。这样不仅能增加土壤的水分保持能力，还能减少水的流失。”

爸爸停了一下，看到琪琪听得挺认真，接着说：“除此之外，还可以发展旅游。比如，在一些条件好的地方搞海上旅游、钓鱼、潜水等活动，还可以建湿地文化馆和鸟类博物馆，让更多的人了解和关心黄河三角洲的生态保护。”

“哦，这样不仅能让经济变好，还能保护环境，真是一举多得啊！”琪琪高兴地说。

“还不止这些呢，”爸爸继续补充，“海洋里还有很多资源可以利用，比如风力发电、太阳能发电和波浪能发电。把这些能源技术与水产养殖结合起来，既能保护环境又能提高效率。”

“原来如此，只要我们用心，就能找到与大自然和谐相处的好方法。我们要珍惜大自然给我们的宝贵资源！”琪琪坚定地说。

“互联网+农业”让大闸蟹从田间直达餐桌，科技让农业变得更高效

大闸蟹的智慧之旅

这天，一个快递被送到了琪琪家。打开一看，里面竟然有五只大闸蟹！大家都很惊讶，不知道是谁寄来的。这时，爸爸买菜回来了：“哟，大闸蟹来了啊！”琪琪好奇地问：“爸爸，这是您买的吗？您也会网购啦？”

爸爸有点得意地说：“哼，谁说只有年轻人才会网购啊。现在的快递服务真好，从山东送来的大闸蟹还这么新鲜呢。”

“爸爸，您是怎么想到买大闸蟹的？”琪琪问道。

爸爸把大闸蟹拿到厨房，边走边说：“我看到新闻说东营市的‘互联网+农业’发展得很好。我就在网上买了那里有名的大闸蟹，想尝尝鲜。”

“爸爸，我知道互联网，但‘互联网+农业’是什么意思呢？”琪琪跟着爸爸进了厨房。

爸爸笑着说：“平时都是你教我上网，今天轮到我教你了。”他解释道，“简单来说，‘互联网+农业’就是用网络技术来帮助农民种地和卖农产品。比如，可以在网上买农产品，还可以用电脑分析数据，告诉农民什么时候浇水、施肥最合适，这样就能让农作物长得更好。”

爸爸说了些听起来挺专业的词，琪琪不太懂，挠了挠头。爸爸注意到了，便放慢语速继续说：“举个例子吧，东营市用大数据来管理农田。他们可以实时监控作物的生长情况，科学地决定浇多少水、施多少肥，还能预测今年能收获多少粮食。这样一来，农民们就能更好地管理土地，提高产量。”

琪琪听得目瞪口呆，感叹道：“这也太高科技了吧，就像电影里的一样！”

“哈哈，这些都是真的哦。”爸爸笑着继续说，“更厉害的是，东营市还在建一个大数据库。等建好了，只要用手机扫一扫二维码，我们就能

▲大闸蟹

▼大闸蟹养殖基地

知道这些大闸蟹是从哪里来的，经过了哪些加工过程，去了哪些市场。这样，我们就能清楚地了解食品生产的每个环节。”

“真是太棒了，有了物联网和大数据，以后吃的东西会更安全了！”琪琪兴奋地说道。

“对，生产者也能通过数据库了解市场需求，及时调整种植计划，不再像以前那样完全靠天气吃饭。运送产品的人也能通过数据监测农产品的质量，选择最快的运输路线，减少损耗。比如大闸蟹这种需要保鲜的产品，物流就会选最短最快的方式送货。”爸爸补充道。

“这也太智能了，真希望这样的物联网能快点普及起来。”琪琪充满期待地说道。

“不过，要在全国推广这项技术还需要时间。‘互联网+农业’的发展需要很多资金支持，而且一套完整的物联网设备也不便宜，不是所有农民都能负担得起。再加上农业生产周期长，利润低，还容易受天气影响，风险也高。所以短时间内，这项技术还不会被广泛使用。但是别灰心，总有一天它会普及的。”爸爸满怀希望地说。

▲“互联网+农业”助农增收

小小地理学家的话

现在，我们国家农业面临的问题不再是食物不够吃，而是有些东西太多了，有些东西又不够。比如，有的农产品生产得太多卖不出去，而有些农产品却不够大家用。为了解决这个问题，“互联网+农业”这种新的发展模式就出现了。它就像一个聪明的小助手，帮助农民更好地种植和销售农产品，让农业变得更有效率，也更节约资源。这样，就能让大家吃到更多又好又新鲜的食物了！

从荒凉之地到塞外绿洲，右玉县的人们用智慧和汗水书写了一部绿色奇迹

沙丘变绿记

又到了一年一度的植树节，琪琪一大早就起床了。和往年一样，他要和爸爸一起去山上种树。“终于种好啦！”琪琪埋下了最后一捧土，喘着气，擦了擦额头上的汗，兴奋地跑到坐在石凳上的爸爸身边说，“爸爸，我们种好了两棵树！”

爸爸笑眯眯地递给琪琪一条毛巾 :“快擦擦汗吧，看你满头大汗的。”

说完，爸爸望向远处连绵起伏的群山，陷入了沉思。琪琪好奇地小声问："爸爸，您在想什么呢？"

爸爸收回目光，缓缓地说，就像在讲一个故事："琪琪，你知道吗？人类真的可以用自己的力量把荒地变成绿洲哦。"没等琪琪回答，爸爸继续说道："有个地方叫右玉县，在中国的晋西北边陲。那里以前环境很差，风

知识点

飞播造林技术，即使用飞机播撒树木种子，达到高效播种的目的。主要表现在四个方面：一、飞播种子的选择。优先选择适应性强的树种。二、飞播区域的选择。飞播区域应满足为种子发芽提供良好环境以及地形便于飞机播种作业两个条件。三、飞播时间的选择。选择适宜种子发芽的时节。四、飞播操作技术。飞播时保持平稳以及播种的准确性。

▼植树造林掀起高潮，沙丘变绿洲

小小地理学家的话

右玉县位于山西省的西北边，以前那里的自然环境非常糟糕。新中国成立后，右玉县的干部和大家一起种树造林，经过不懈的努力，终于把这片曾经光秃秃的土地变成了美丽的绿色家园。

沙特别大，有76.2%的土地都被沙化了。但是新中国成立后，一代又一代的人们在那里种树，慢慢地让绿色覆盖了黄沙。右玉县的故事真是个‘塞外高原的生态奇迹’呢！”

“爸爸，他们是怎么做到的呀？能给我讲讲吗？”琪琪轻声问道。

爸爸站起身来，轻轻摸着琪琪刚刚种下的小树苗，语气中充满了敬佩：“刚开始的时候，右玉县的人们种了很多树，可是第二年春天风沙一来，大部分树都被埋住了。但他们没有放弃，大家分成几个小组，仔细研究风沙的特点和地形条件。最后发现，光种树还不够，还得种草。草可以固定住松散的沙土，留住水分，还能防止风季时形成沙暴。”

“哇，用草来固沙，真是太聪明了！”琪琪感叹道。

“是啊，右玉县的人们就是这么智慧，他们在建设绿洲的过程中总结出了一套宝贵的经验，叫做‘右玉经验’。”爸爸点头赞同。

“现在，虽然右玉县已经变成了美丽的绿洲，但那里的人们还在不断努力保护环境。而且，随着科技的进步，造林技术也越来越先进了。比如有一种叫做‘飞播造林’的技术，就是用飞机来撒树种。”爸爸看着琪琪充满敬佩的眼神说道。

“右玉县位于黄河岸边，他们的植树造林大大减少了黄河里的泥沙，对保护黄河很有帮助。”爸爸双手背在身后，望着远方的群山说道。

“‘右玉精神’确实值得学习，我也要学习当地群众这种不畏艰苦的精神！”琪琪坚定地说道。

盐碱地里的“甜”科技

夜幕降临，新闻节目准时开始了。琪琪乖乖地坐在爸爸旁边，心里却在想：时间怎么过得这么慢啊，我还等着看动画片呢。昨天的动画片讲到哪儿了……

“哎呀，我们国家的科技真是太厉害了！”爸爸忽然感叹道，“琪琪，你听见刚才新闻里说的了吗？‘渤海粮仓’又丰收啦。”

“‘渤海粮仓’？”琪琪挠了挠头，“爸爸，‘渤海粮仓’是什么地方啊？”

看到琪琪疑惑的样子，爸爸没有直接回答，而是站起来走到墙上的地图前，背着手说：“你知道吗，有些土地因为盐分太高，植物很难生长。但咱们国家可以种粮食的土地很少，只有国土面积的7%，而且人越来越多，粮食需求也越来越大，所以这些盐碱地也需要利用起来。”

知识点

暗道排碱，把一些特别的管子埋在土里，这些管子就像地下的小隧道，专门用来排水。当下雨或者给田地浇水时，水会流进这些管子里。土壤里的盐分会被水溶解，然后跟着水流一起通过这些管子排出去。这样，盐分就不会再回到地面上，让土地变得更咸了。因为它不会占用太多的地面空间，农民伯伯们可以在上面继续种庄稼。同时，它还能帮助节约用水，真是既方便又环保！

“哦，所以要把这些盐碱地变成能种粮食的地方，对吧？”琪琪恍然大悟。

“没错。”爸爸点头赞许，“黄河三角洲有很多这样的盐碱地，所以国家发起了一个叫‘渤海粮仓’的大工程，就是要让这些荒废的土地也能长出粮食来。这可不是个具体的地方，而是一个帮助大家的好项目。”

“那要怎么做呢？”琪琪好奇地问。

“这就需要科学的帮助了。”爸爸笑着说，“科学家们发明了一种叫做

▼农民正在进行农耕作业

▲农民正在进行农耕作业

'暗道排碱'的方法，可以把土壤里的盐分排出去。这样既不占地，又能省水，真是一举两得。"

"科学家好厉害啊！"琪琪的眼睛亮晶晶的，"我长大了也要当科学家，帮国家解决难题！"

"哈哈，很好很好。不过，科学家可不容易当哦。"爸爸想了想，说，"我现在考考你，你知道还有什么办法能让盐碱地的产量提高吗？"

"啊，爸爸，这个……太难了。我现在还不是科学家呢。"琪琪一听，立刻像泄了气的皮球，垂下了脑袋。

"别灰心嘛，"爸爸安慰他，"科学家最重要的就是好奇心和探索精神。你现在就有这种精神。告诉我，你想不想知道科学家是怎么做的？"

知识点

粉垄技术，用一种叫做粉垄机的机器来耕地。粉垄机有一个像螺丝一样的钻头，可以代替传统的犁头。这个钻头能深入土里30厘米到50厘米深，比老方法深两倍多，一次就能把土地深耕、松土和整平。用了粉垄技术后，土壤里的盐分会减少很多，土也会变得又细又软，还很透气。这样一来，植物的根就能更好地生长，庄稼也就会长得更健康了！

“想！”琪琪立刻兴奋起来，眼睛里闪烁着求知的光芒。

爸爸摸了摸琪琪的头，慢慢地说：“你知道吗，土壤里的盐分是越往下越少的。你有什么想法吗？”

琪琪皱着眉头想了一会儿，突然高兴地喊出来：“我知道了！可以用下面的土来种庄稼！”

爸爸满意地竖起大拇指：“答得好！确实如此。科学家发明了一种新技术叫‘粉垄技术’。用这种技术耕地后，土壤变得非常松软，浇水时盐分会沉下去，上面的土壤含盐量就降低了，这样作物就能更好地生长了。”

“原来如此，我的答案也只是沾点边，成为科学家的路还很长呢。”琪琪不禁感叹道。

从盐碱地到绿意盎然的人造草原，科技和智慧让黄河三角洲焕发新生，变成了一片生机勃勃的乐园

自然荒地"变身"绿草原

下了一夜的雨后，空气里充满了青草的清新味道。琪琪陪着爸爸到公园晨练，深深地吸了一口气，闭上眼睛，开心地说："哇，空气真好啊！感觉就像在大草原上一样。"

"说到草原，琪琪，你听说过人造草原吗？"爸爸笑眯眯地看着琪琪问道。

"人造草原？是人工种出来的草原吗？"琪琪挠了挠头，好奇地问。

▼黄河三角洲

“没错，就是人工种植的草原。”爸爸点头说，“在黄河三角洲，有一片非常大的人造草原，那是全国最大的人工牧草基地呢。”

“原来我猜对了呀！”琪琪有点不好意思地低下头，但马上又抬起头来，满脸疑惑，“可是黄河三角洲不是盐碱地吗？怎么会有草原呢？”

“这就是科技的力量啦！”爸爸慢慢解释道，“科学家们用了很多高科技的方法，在那里种出了这片草原。比如，他们用了激光平地技术，用激光来测量土地，让地面变得非常平整，误差不超过两厘米。”

知识点

变量施肥技术，是精准农业中最为重要的组成部分之一，也是绿色农业发展中必不可少的一步。这项技术首先需要详细了解土壤的情况。科学家们会用一种叫做GPS（全球卫星定位系统）的工具来采集土壤样本。他们会把土地分成一小块一小块，从每块地里取一些土样，分析这些土样的性质和养分含量。接下来，使用GPS和GIS（地理信息系统）这样的高科技工具，绘制出这片土地的电子地图。这个地图就像是医生给病人开的药方一样，告诉农民伯伯们在哪些地方该施多少肥料。

“太厉害了！”琪琪满眼都是敬佩，“这样就不会因为地面不平导致水和肥料分布不均了，真是太聪明了！”

“说得对。”爸爸满意地点点头，“这样一来，还能帮助解决黄河三角洲地区缺水的问题。同时，他们还把一些地方挖深，打破盐碱地的硬层，为改良土壤做准备。这可真是一个一举两得的好方法。”

看到琪琪听得津津有味，爸爸在公园的石凳上坐下，继续说道：“解决了土地平整问题后，接下来就是要好好管理施肥了。你知道吗，盐碱地施肥不能随便乱来，同一块地里，相隔十几米的地方盐分可能都不一样。如果化肥用多了，会让土壤变得更硬；用少了，庄稼又长不好。所以，科学家们发明了一种叫做变量施肥的技术，使用专门的机器根据不同地方的情况施不同的肥，这样既能充分利用化肥，又能保护土壤。”

听完爸爸的话，琪琪仿佛看到了科学家们在田间辛苦工作、在实验室里认真研究的样子，不由得感叹道：“多亏了这些科学家们的努力，才有了这么棒的技术，让我们的土地变得更加肥沃。”

小小地理学家的话

黄河三角洲是一个非常特别的地方，因为那里的土地和滩涂增长得非常快。随着海边防护措施的不断加强，未来还会有更多的土地可以使用。为了治理黄河三角洲地区的水土流失和泥沙堆积问题，保护这片宝贵的土地，山东省政府决定在那里建设一个超级大的人造草原。这个草原可不是自然长出来的，而是通过科学的方法种出来的。科学家们合理规划了黄河三角洲的盐碱地，种上了适合生长的草。这样一来，不仅解决了土地的问题，还形成了一个全新的农业模式：草、畜牧和生态都结合在一起，让这个地方变得更加绿色和高效。简单来说，就是把原本不太适合种植的盐碱地变成了一个大草原，既能养牛羊，又能保护环境。

▼水稻

垃圾分类和循环农业都是变废为宝的魔法，让我们的地球更加绿色、更加美好

垃圾找“新家”，循环乐无边

这天早晨，琪琪拿着垃圾站在垃圾桶前，一脸困惑地抱怨：“垃圾分类真是太难了，我都搞不清楚怎么扔才对。”

“琪琪，别这么说嘛。”爸爸从背后走过来，语重心长地说，“虽然垃圾分类有点难，但它对保护环境真的很有帮助哦。”听到这话，琪琪转过头来，眼睛里闪着好奇的光：“爸爸，都说垃圾分类有好处，您能给我详细讲讲吗？”

爸爸接过琪琪手里的垃圾，放进正确的分类桶后，没有直接回答，而是慢悠悠地问：“琪琪，你知道什么是循环农业吗？”“我知道，我知道！”琪琪一下子兴奋起来，自豪地说：“循环农业就是把一种农业原料在不同的地方重复利用！”

爸爸赞许地点点头，笑着说：“说得不错。这种循环利用的方式特别适合那些生态环境比较脆弱的地方。比如说黄河三角洲，那里就采用了稻鸭混养的方法。这种方法不仅能让稻谷长得更好，还能让鸭子也健康成长，同时减少了污染，

▲垃圾分类成为低碳生活新时尚

知识点

循环农业，遵循“减量化、再利用、再循环”的原则，就是把农业里的东西多次利用，让废物变得越来越少，资源用得越来越高效。就像我们在家里会把废纸做成手工艺品，或者把剩饭剩菜变成肥料一样，循环农业也是这样做的。它通过一些特别的技术，让农业中的原料在不同的项目中反复使用。这种农业方式对环境非常友好，能保护大自然，还能节省很多钱。

减轻了大自然的压力，真是一举多得。此外，他们还尝试了很多其他的循环模式，比如莲藕和泥鳅一起养，还有用食用菌做成生态链，这些都很好地体现了循环利用的思想。”

“原来如此。可是爸爸，这和垃圾分类有什么关系呢？”琪琪眨巴着眼睛，还是不太明白。

“琪琪啊，你还没看出来吗？垃圾分类和循环农业的核心都是‘循环利用’。”爸爸解释道，“垃圾分类

知识点

稻鸭混养模式，将鸭子混养在水稻田中，可以将稻田中的昆虫以及杂草作为鸭子饲料，以此达到消灭害虫与杂草的目的，同时也降低了化学农药的投入。鸭子在稻田中的活动疏松了土壤，提高了土壤的通透性，提高了稻根活性。鸭粪也为水稻生产提供了养分，减少了化肥投入。

▼鸭子吃害虫

小小地理学家的话

黄河三角洲是由黄河冲积形成的，这里的土地非常肥沃。但是，由于特殊的气候和水文条件，加上当地经济发展的原因，黄河三角洲面临着一些问题，比如淡水不够用、生态环境比较脆弱、农业发展也不够完善。为了解决这些问题，山东省政府想出了一个聪明的办法：发展循环农业。他们制定了一系列详细的计划，如推出了做好区域循环农业的整体规划，加强科技支持与创新，推广循环农业模式，来帮助这个地区变得更好。

就像是给垃圾找了个新家；不同类型的垃圾可以被重新利用。比如厨房里的剩菜剩饭，经过处理之后可以变成有机肥料；废旧的玻璃瓶，回收后可以做成新的玻璃制品或者用来铸造钢铁。这些都是垃圾分类和循环农业的共同点。”

“啊，我明白了！”琪琪恍然大悟，拍着手说，“垃圾分类最大的好处就是变废为宝！”

说完，他似乎想到了什么，不好意思地低下了头：“原来垃圾分类的好处这么多。爸爸，您能不能再给我讲讲垃圾分类的具体规则呢？我以后一定要好好学习垃圾分类，为环保出一份力！”

爸爸笑着摸了摸琪琪的头，开始耐心地讲解起垃圾分类的细则来：“记住，每种垃圾都有它自己的‘家’，我们要把它们放到正确的地方，这样不仅能保护环境，还能让资源得到更好的利用。”

琪琪听得非常认真，频频点头：“爸爸，我懂了。以后我会好好分类垃圾，再也不乱扔了！”

“好孩子，”爸爸欣慰地说，“你这样做，就是在为我们的地球做贡献。我们每个人的一点小小努力，都能让世界变得更美好。”

昔日的黄泛区如今变成了肥沃的灌区，巧妙的水利工程让黄河水滋养了土地，也让庄稼茁壮成长

黄水润田，泛区新生

“雨季来了，到处都在下大雨。电视上说，水库和农田都做好了迎接大雨的准备……”琪琪看着新闻，叹了口气，关掉了电视，一屁股坐在沙发上，看起来很不开心。爸爸看到后走过来，轻轻拍了拍他的头，问：“琪琪啊，怎么了？为什么看起来这么难过呢？”

“爸爸，这雨季真让人讨厌！雨水一直下个不停，出门都不方便了，还可能把农民伯伯辛苦种的庄稼和房子给淹了。真是太糟糕了！”琪琪越说越生气，小脸皱成一团。

“哎呀，琪琪，事情不能只看坏的一面哦，我们得学会从多个角度看问题。就像这个雨季，虽然会带来麻烦，但也有它的好处。”爸爸见琪琪满脸疑惑，接着解释，“雨季会给大地带来很多水，这样植物就会长得更好。当然，有时候水太多也会造成洪水。但是现在有了高科技的帮助，我们可以提前知道哪里会有洪水，并且用各种方法来防止洪水发生。”

琪琪还是不太相信的样子，爸爸笑了笑，没有直接回答，而是反问道：“你知道大禹治水的故事吗？”“我知道啊，大禹没有像别人那样去堵水，

知识点

土层盐动态与地下水观测网络，是一种用来观察和记录土壤中盐分变化以及地下水情况的方法。在黄河水用来灌溉的地方，因为用了很多水，而且用水的时间比较集中，原来的地下水平衡就被打破了。这就需要我们仔细观察和分析土壤中的盐分变化以及地下水的情况。首先在需要的地方挖一些观测井，这些井就像小侦探一样，帮助我们收集信息。然后定期去这些井里取样，看看水的质量怎么样，土壤里的盐分有没有变化。通过这些数据，我们可以知道引黄灌溉对地下水位和土壤盐分的影响。

而是想办法让水流走，对不对？不过爸爸，您为什么要提这个故事呢？”琪琪好奇地问。

“在河南那边，黄河旁边有一大片肥沃的土地，非常适合种粮食。以前每到雨季，这片土地就会被洪水淹没，人们叫它‘黄泛区’。后来，人们学着大禹的方法，不是去挡水，而是引导黄河的水灌溉农田。他们在不同的地区修建了很多水渠、井还有管道，把黄河水引出或引入，发挥灌溉功能。现在人们掌握了强大的科技，像‘渠+沟+井+低压管灌模式’，就大大提升了引排水效率。这样一来，不但解决了洪水的问题，还能利用黄河水帮助农作物生长。这就是著名的‘引黄灌溉工程’。”爸爸如数家珍般把“引黄灌溉工程”细细道来。

知识点

渠+沟+井+低压管灌模式，是一种引黄灌溉节水综合技术模式。在黄河冲积形成的低洼地区，容易积水，排水也很困难。为了应对这个问题，人们会在这些低洼的地方合理布置一些机井，用来冲洗土壤中的盐分，让土地变得更适合种庄稼。而在那些有很多深沟的灌溉区，人们会建立一个畅通的排灌系统。这个系统就像是一条条小河，把多余的灌溉水和雨季的雨水排出去。这种模式就像是给土地设计了一个智能的“水管理系统”，既有办法让水进来，也有办法让多余的水排出去，确保土地既不会太干也不会太湿，非常适合农作物生长。这样，农民伯伯们就可以更好地种地，庄稼也能长得更好！

琪琪听得津津有味，赶紧追问：“然后呢？爸爸您再多说点吧！”爸爸很高兴琪琪感兴趣，继续说道：“可是，这样做也遇到了新的问题，比如土壤里盐分过多。不过科学家们又发明了许多新技术来解决这些问题，比如‘土层盐动态与地下水观测网络’等科技手段。所以说，科技真的能帮我们解决好多难题呢！”

听完爸爸的话，琪琪连连点头：“原来如此，怪不得您要先问我关于大禹的故事。无论是古代的大禹治水还是现在的引黄灌溉，都是通过疏导的方式来解决问题。我现在明白了，看待事物确实需要全面考虑，而且科技的力量真的很强大！”

爸爸笑着点点头：“没错，我们要学会全面地看待问题，还要不断学习新知识，这样才能更好地理解世界，解决遇到的困难。”

▼黄河支流伊洛河灌溉着地势较高的农田

小小地理学家的话

河南引黄灌溉工程，通过“调水、供水和灌区”三方面的合作，来帮助农民伯伯更好地用水种地。在开始引黄河水之前，工程师们会采取一些措施来减少泥沙带来的问题。比如，他们会清理河道，确保水流畅通，这样就不会有太多泥沙沉积下来。在灌溉过程中，科学家们会在田里设置很多观测井，通过定期检查这些井里的水和土壤，科学家们可以知道灌溉对土地的影响，并及时做出调整。

在板栗树下种魔芋，既聪明又环保，让森林变成了村民们的绿色银行

魔芋乐园

放暑假了，爸爸带着琪琪去陕西的姑姑家玩。因为这父子俩的到来，姑姑高兴坏了，中午做了一大桌子的菜。

琪琪吃得不亦乐乎，他刚往嘴里塞进一大块肉，姑姑又往他的碗里夹了一块魔芋。“谢谢姑姑，我最喜欢您做的魔芋汤了。”琪琪还来不及咽下嘴里的菜，便急忙说道。“琪琪喜欢吃魔芋，你姑姑家周边就种有魔芋，下午爸爸带你去看看，好不好？”爸爸提议道。“好，吃完饭我们就去看。”琪琪高兴地应着。

知识点

魔芋在我国已经有很长的种植和食用历史了。魔芋喜欢温暖湿润的地方，野生的魔芋通常生长在小溪旁边或者树林下面比较潮湿的地方。从地理位置来看，魔芋主要分布在甘肃、宁夏、陕西以及长江以南的很多地方。

▲魔芋产业致富增收显“魔力”

吃罢午饭，父子俩一起往姑姑家前面的山林走去，等走到坡底处，就看见有一大片板栗树。“琪琪，这是板栗树，你看看这板栗树下的是什么呀？”爸爸问道。“我好像从来没见过这东西呀，不知道是什么。”听见琪琪的回答，爸爸忍不住笑出声来，乐呵呵地说道：“傻孩子，这就是你中午吃的魔芋呀，只不过你吃的是加工好了的。”“噢，这样啊。”琪琪害羞地挠挠脑袋，接着又不解地问道，“爸爸，可是魔芋为什么会长在板栗树下面呢？”爸爸赞许地看着琪琪点了点头说道：“琪琪真聪明，一下子就发现了问题，这个就叫立体农业。琪琪知道什么

▲大棚立体种魔芋

知识点

立体农业是一种聪明的种植方法，它可以根据不同植物和动物的特点，在垂直空间里进行多层种植。所以，它也叫层状农业。这种农业方式可以在水面、水下或者空中同时进行生产，充分利用空间和时间。想象一下，就像我们在一个架子上种好多层植物一样，上面可以种一些喜欢阳光的植物，下面可以种一些喜阴的植物。这样，我们就能更好地利用水、肥料、空气、阳光和热量资源。立体农业就像是给农田设计了一个立体的“家”！

叫立体农业吗？”“我知道，我们地理课上学过，我还知道珠江三角洲发展的是基塘农业，有桑基鱼塘和果基鱼塘。”琪琪抢答道。

“琪琪懂的可真多呢。这里的立体农业，是指村民们在板栗树之间密植高度在四五十厘米之间的魔芋，再往上走，到树林更密、坡度更陡的地方就没有板栗树和魔芋了，而是纯粹的生态林，那里离山脚有差不多600米。虽然这个村原来就盛产野生魔芋，但以前村民往往是上山采集野生魔芋，后来在村主任的带领下，从2017年开始，大家便发展林下魔芋产业。合作社不仅为农民提供种子，还指导他们林下种植魔芋需要注意什么，传授经验等。因为魔芋喜温暖湿润的环境，所以在树林中种植魔芋收成特别好。”爸爸耐心地给琪琪讲解。

“那为什么不直接大片种植这些魔芋呢？”琪琪继续提问道。爸爸耐心地解释道：“因为大片种植魔芋可能会出现一些病害，所以当地人采取了一小片一小片种植的方式。这种种植方式非常适合魔芋，在保证魔芋生长和高品质的同时，也发展了林业，一举两得，这也正是立体农业的优势所在。”

爸爸接着补充：“而且根据陕西省耕地紧缺但林业资源十分丰富的先天条件，发展立体农业更是做到了因地制宜。其实，以前农民们也尝试过发展别的产业，但最后都失败了。经过多次尝试，大家发现林下种植魔芋才

是适宜当地发展的做法。现在魔芋已经是这个村继板栗之后的第二大致富产业。采用这种种植方式，在保护林业资源和生态环境的同时，也提高了村民们的经济收入，大家别提有多高兴了。”“那我就祝福当地人的生活越来越富裕，生活的环境越来越美。”琪琪诚意满满地说道。

小小地理学家的话

秦巴山区有很多茂密的森林。近年来，陕西省利用这些丰富的森林资源，大力发展林下经济。这样不仅能让大家赚到更多的钱，还能保护好环境，实现经济和环保的双赢。真正做到既要美丽的绿水青山，也要富饶的金山银山。

▲秦巴山区地貌（部分）

小小的谷子迎来了大大的“革命”，新技术让农民伯伯笑开颜

谷子“智”造

妈妈做了一大桌丰盛的美食，琪琪却因为饭前吃了太多零食没吃几口便饱了。他对妈妈撒娇：“妈妈，我饱了，吃不下了。”看见琪琪碗里还剩大半碗白花花的米饭，妈妈有些生气地说：“浪费粮食是不对的，从小要养成节约粮食的好习惯。”

听了妈妈的话，琪琪有些生气，他赌气跑到自己的房间里一个人生闷气。过了一会儿爸爸来了，他轻轻抚摸琪琪的肩膀安慰：“不要生气啦，琪琪，你今天中午确实做得不对，就像你妈妈说的，过去的人们日子过得多苦啊，现在你赶上了好时代应更加珍惜，而不是随意浪费……”

在爸爸的教育下，琪琪也渐渐意识到了自己的错误，不好意思地低下头。为了照顾琪琪的心情，爸爸问琪琪：“你知不知道，有哪些技术革新在很大程度上促进了农业的发展？”果然一听爸爸的问题，琪琪瞬间就来了兴致，他大声地回答道：“我知道一个例子，就是袁隆平爸爸的杂交水稻技术。这个技术的出现，为进一步扩大水稻种植面积、有效提高水稻产量，起到了促进作用。”

爸爸忍不住拍拍琪琪的头夸赞道：“琪琪回答得非常正确。”听见爸爸的夸奖，琪琪随即虚心地问：“可是爸爸我好像就知道这一个例子，您

知识点

杂交水稻，就是挑选两株有不同优点的水稻进行杂交。这两株水稻不仅有各自的好特点，而且在遗传上还有一些差异。通过这种方式，可以培育出第一代杂交水稻，这种新品种会比原来的水稻更强壮、产量更高。就像是把两个最好的朋友的优点结合在一起，生出一个更棒的新朋友！

▲袁隆平查看杂交水稻长势

能再给我举一个吗？”“当然！”爸爸欣然说道，“琪琪刚才举的是水稻的例子，那爸爸就给你讲一个关于谷子种植技术进步的小故事。”琪琪高兴得直拍手。

爸爸清清嗓子认真地讲起来：“山西省有一位谷子专家，经过长期研究，他发明出一种谷子渗水地膜机械覆盖穴播技术。这种技术就是在地膜覆盖的基础上，运用机械进行穴播。这是一项节水、省工、增产、省籽、保苗的技术，它既能发

知识点

穴播是一种特别的播种方法，就是在田里每隔一段距离挖一个小坑，然后在每个小坑里种上种子。穴播主要是为了保证株距和密度，它既能节省种子，也有利于间苗、中耕（就是松土），同时穴播也方便撒入种肥、喷洒除草剂和农药等。

▼黄河湿地滩涂种满了农作物

挥地膜覆盖的优势起到增温保湿的作用，也可以提高田间管理效率和种植的机械化程度。同时它还可以保证在播种时的播深一致，从而保证出苗整齐、苗匀苗壮。这种技术集成，使它同时具备地膜覆盖、穴播等多项技术的优点。这种技术在山西的推广应用，使得山西省的谷子产量飞速增长，也带动了一些贫困户脱贫。”

看着琪琪一脸佩服的表情，爸爸接着补充：“这项技术省工增产，既可以弥补农村劳动力大量流失的缺口，又可以较好地解决农作物产量问题。除此之外，还可以针对间苗困难的问题，起到减少繁重间苗工作量的作用。这项技术的发明，对于谷子的大规模种植及机械化生产都起到极大的促进作用。”

听完爸爸的一番解释，琪琪自责地说：“今天中午我做的确实不对。前辈们付出了那么多心血，就是为了让更多人能吃饱饭，我不应该浪费这来之不易的成果。”爸爸笑着摸摸琪琪的头，安慰道：“知错能改就是好孩子。”

知识点

间苗又称疏苗，是指为了保证幼苗有足够的生长空间和营养面积，因此选留壮苗，对一部分幼苗进行及时拔除，避免幼苗拥挤，既节省了土壤水分和养分，又使苗间空气流通、日照充足，有利于培育壮苗。间苗的主要原因，就是为了合理密植。间苗就像是在花园里给小苗们腾出更多的空间，让它们能更好地长大。

小小地理学家的话

近年来，山西省非常重视农业科技的发展，通过科技创新来推动农业的进步，依靠科技进步和创新来实现农村的现代化。山西省鼓励农业向绿色、优质、特色和品牌化方向发展，形成了高效且充满活力的现代农业体系，让科技和农业更好地结合起来。其中一个很好的例子就是“谷子渗水地膜机械覆盖穴播技术”的推广。这项技术在山西的应用是一个很大的进步，帮助实现了农业农村的现代化。

稻田里的鱼虾乐

“琪琪，妈妈今天做了你最爱吃的麻辣小龙虾，赶快洗手吃饭。”厨房里传来妈妈的声音。一听中午有小龙虾吃，琪琪连忙从沙发上站起来，快速洗好手后，麻溜地坐在饭桌旁。

餐桌上琪琪心满意足地大快朵颐，不一会儿一盘虾就快见底了，这时妈妈冲琪琪说：“米饭也要吃，不能光吃虾呀。”琪琪撒娇道：“可是米饭没有虾好吃呀。”

爸爸看见琪琪满脸不乐意，笑着说：“琪琪，你知道不，这两个东西可是养在一起生长的。”“水稻和虾还可以养在一起吗？”琪琪一脸困惑地问道。

“没错，就是把水稻和虾养在一起。”爸爸耐心地向琪琪解释，“河南省现在发展稻渔综合种养产业。利用鱼稻共生的原理，把水稻种植和鱼虾养殖结合起来，最终达到稻谷和鱼虾双丰收的目的。这种做法不仅能提高土地的利用率，帮助农民伯伯增加收入，还能合理利用水资源，改善农业环境，真是一举多得。”

▼麻辣小龙虾

“这种发展模式是最近才兴起的吗？”琪琪好奇地问。

爸爸摇摇头说：“不是哦，这种稻田养鱼的方法在我国已经有很长的历史了。最早可以追溯到汉朝，那时候就已经有人在稻田里养鱼了。后来这种方法不断发展，变得越来越成熟。你知道吗？稻田养鱼还是首批五个世界农业遗产保护项目之一呢。2005年5月16日，联合国粮农组织就把浙江省青田县方山乡龙现村的稻田养鱼列为‘全球农业文化遗产——传统稻渔共生农业系统’。这不仅说明了稻田养鱼的好处，也显示了我国对农业

知识点

稻田养鱼，简单来说，就是在水稻田里养殖鱼类，因其合理利用农业土地资源、水资源等生物资源和非生物资源，所以这是一种节约型的生态农业模式，同时它也具备投入少、效果好、风险小、易推广、见效快、涉及面广等众多优点。

▼水稻

小小地理学家的话

近年来，河南省在原本就是农业大省和粮食大省的基础上，利用黄河的水资源，扩大了养殖规模，让产业变得越来越强大。他们充分发挥当地的资源优势，加强指导和监督，还加大了宣传力度，不断创新稻田养鱼的发展模式。通过这些努力，河南省不断完善管理和运行体制，推动稻田养鱼方向发展。这样一来，不仅帮助农民伯伯们增加了产量和收入，还改善了农村的生态环境。

发展的重视。”

听完爸爸的话，琪琪若有所思地点点头，突然想起了一句谚语，便问道：“我之前学过一个谚语：‘秋风起，稻谷香，鲤鱼肥。’这是不是讲的就是稻田养鱼呀？”

爸爸赞赏地摸了摸琪琪的头，笑着说：“没错，琪琪真聪明！这句谚语就是在形容稻田养鱼的情景。”

“可是爸爸，我还是不太明白，为什么水稻和鱼虾养在一起可以互相帮助呢？它们各自对对方有什么好处？”琪琪继续问道。

爸爸想了想，回答道：“稻田里的鱼虾在觅食时会吃掉不利于水稻生长的虫子和杂草，它们的排泄物还可以给稻田施肥。鱼在水里游来游去，还能帮助松土，让水稻的根更好地生长。这样一来，水稻长得更好，鱼虾也有了充足的食物。这种模式不仅提高了土地的利用率，还节省了成本和劳力，效果非常好。”

看到琪琪不住地点头表示赞同，爸爸又继续说道：“现在，稻渔综合种养已经成为河南省一些贫困县的特色产业扶贫项目。河南省政府鼓励大家走生态、绿色、健康的发展道路，创新养殖模式，扩大养殖规模。这样既能提高稻米的质量和价值，又能生产出优质的水产品，实现一田双收、一水两用的好局面。”

听完爸爸的话，琪琪兴奋地说：“原来稻田养鱼有这么多好处啊！以后我也要多多了解这些有趣的农业知识！”“那希望这种稻渔综合种养发展越来越好，这样我们就既有优质大米吃，又有美味的小龙虾和鱼吃。”琪琪开心地说道。爸爸被琪琪的这番话逗乐了，父子俩都高兴地笑了起来。

高原夏菜清凉美味，兰州的特殊气候让这些蔬菜成了夏天餐桌上的明星

高原夏菜

星期六的早上，琪琪跟着爸爸一起去菜市场买菜。市场上人来人往，小贩们大声吆喝着："走过路过不要错过，快来尝一尝呀！"

突然，琪琪的视线被一个小摊贩所吸引。只见摊位上挂着一个大招牌，上面写着"新鲜兰州高原夏菜"几个大字。琪琪对这个词感到很陌生，好奇地走上前去，看到摊位上有苦苣、鸡毛菜、大芥菜等多种蔬菜。

爸爸刚付完钱从商贩手里接过菜，一回头发现琪琪不见了，连忙四处寻找。终于，他看到琪琪正站在一个摊位前，认真地看着那些蔬菜。爸爸走过去问："怎么啦，琪琪？有你想吃的菜吗？"琪琪摇摇头，指着招牌上的字问："爸爸，什么是高原夏菜？"

爸爸明白了，原来琪琪是被高原夏菜吸引住了。他解释说："夏天的时候，很多地方都很热，一些喜欢凉爽的蔬菜就长不好。但是像兰州这样的高海拔地区，夏天还是很凉快的，适合这些蔬菜生长。所以那里种出来的蔬菜就叫高原夏菜，在炎热的夏天能给大家带来清凉。"

说完，爸爸问琪琪："想不想买些回去尝一尝？""好！"琪琪回答得很干脆。可是面对这么多品种，琪琪一时不知道该选什么，疑惑地问："为什么会有这么多品种呢？"

"因为兰州的地形和气候多样，人们可以在不同的高度和地区种植

知识点

兰州高原夏菜是夏天在高海拔地区种出来的优质蔬菜。主要是利用西北高原夏天凉爽、阳光充足、白天和晚上温差大的气候特点来种植这些蔬菜。这样种出来的蔬菜特别好吃，也很有营养！

▲兰州蔬菜

不同种类的蔬菜。你知道吗，每年兰州可以提供20多种、200多个品种的高原夏菜呢！这样就能满足不同人的需求，让大家在不同季节都能吃到各种各样的蔬菜。”爸爸耐心地解释。

父子俩买完菜回家，琪琪迫不及待地想要尝一尝这高原夏菜。菜刚做好端上桌，琪琪就夹了一大筷子送到嘴里。“哇，真好吃！”琪琪兴奋地说。爸爸解释道：“兰州的气候条件很好，昼夜温差大、阳光充足，这让蔬菜长得特别好，不仅营养丰富，吃起来也很美味。而且那里的天气干燥少雨，病虫害少，用的农药也少，所以蔬菜更安全。”

父子俩买完菜回家，琪琪迫不及待地想要尝一尝这高原夏菜。菜刚做好端上桌，琪琪就夹了一大筷子送到嘴里。“哇，真好吃！”琪琪兴奋地说。

小小地理学家的话

近年来，兰州市的领导们非常重视农村和城市的发展，他们把农业产业化经营当作一件大事来抓。为了发展农业，他们壮大了一些大的农业公司，还一直在努力扩大农业的规模，加快市场的建设，不断改善经营环境。他们希望通过市场的方式来带动农业的发展。同时，兰州市还积极推广兰州高原夏菜的品牌，让更多的人知道这些好吃的蔬菜，提高它们在市场上的知名度。

爸爸解释说："兰州种的高原夏菜有很好的气候条件。那里白天和晚上的温差很大，阳光也很充足，这些条件让蔬菜长得特别好，营养丰富，吃起来也特别美味。而且，兰州那边天气干燥少雨，病虫害比较少，用的农药也不多，所以蔬菜更安全。"

"我来总结一下，"琪琪又往嘴里塞了一大口，"兰州高原夏菜颜色鲜艳、香味浓郁、味道纯正、口感甜脆，还很有营养，可以说是色、香、味俱佳，大家都很喜欢！"他毫不吝啬地赞美道。

吃饱喝足后，琪琪的小脑袋又开始转了起来，琢磨出了一个问题："爸爸，高原夏菜只有夏天才能吃到吗？那岂不是一年中很长一段时间都吃不到这么美味的蔬菜？"他的语气里充满了惋惜。

爸爸笑着拍拍琪琪的头说："近几年，兰州为了让高原夏菜能供应更长时间，根据海拔高度分批播种，这样可以从每年5月下旬到10月初持续供应。这样一来，大家有更多时间享受这些美味的蔬菜，还能弥补东南沿海地区夏季蔬菜不足的问题。"

"那太好了，我可以有很长的时间来享受这甘甜纯正的高原夏菜了！"琪琪忍不住欢呼道。

水果玉米可以直接生吃，又甜又脆

甜玉米的香脆秘密

▲采收鲜食玉米

周末休息的时候，琪琪和家人一起去酒泉一家非常有名的火锅店吃晚饭。在外面玩了一整天，琪琪饿坏了，他顾不上形象，大口大口地吃着肉。突然，他看到爸爸拿起一根生玉米往嘴里送，连忙制止说："爸爸，生玉米现在还不能吃，还没放锅里煮呢！"

爸爸听了哈哈大笑，顺手掰了一颗玉米粒放进嘴里细细品味，好像很好吃的样子。这下把琪琪看得目瞪口呆。

看着琪琪惊讶的表情，爸爸摸摸他的头，解释说："孩子，这种玉米是酒泉市的特产，可以直接生吃，叫水果玉米，也叫甜玉米。它生吃起来很甜，不信你尝尝看。"琪琪半信半疑地掰了一粒玉米试着咬了一口。"哇，真的好甜！"他忍不住感叹道。

爸爸被琪琪的样子逗笑了，继续解释说："这种玉米不仅甜、嫩、脆，

而且营养丰富，所以被称为‘水果之王’和‘蔬菜之王’。它的皮薄汁多，轻轻一咬，清甜的汁液就溢出来，特别好吃。另外，它还是低脂低蛋白的食物，富含多种维生素和膳食纤维，吃了之后会有明显的饱腹感。”

▼农民用地膜覆盖种植玉米

“既然它这么好吃又有这么多好处，为什么市场上没有大量卖呢？”琪琪不解地问。

爸爸耐心地解释说：“其实这种玉米在欧美、韩国和日本等国家已经很普及了，是当地人餐桌上的主要蔬菜之一。但在我国，甜玉米的种植面积还不大，目前还不能满足市场的需求。不过，现在随着地膜覆盖栽培技术的应用，甘肃省的绿色鲜食甜玉米种植面积越来越大。”

“那地膜覆盖栽培技术需要注意些什么呢？”琪琪一脸困惑地问。

爸爸认真地说：“地膜覆盖就是在种庄稼时盖上一层薄膜。首先，要选择土层深厚、地势平坦、土壤肥沃的地方；其次，要考虑排水条件，因为地膜玉米怕涝，特别是在雨水多的地方更要小心。最后，在整地时要细致，保证土地平整、没有大土块，这样才有利于出苗。”

“那这样说来，选好地整平后，直接把膜往上一盖就好了呀？”琪琪问道。

爸爸笑着摸摸他的头回答说：“哪有这么简单，玉米地膜覆盖要先选择合适的宽度，然后把土块打碎，清除杂物，以免损坏地膜。盖膜时要压得严严实实，还要经常检查，发现破损的地方要及时修补。等到玉米收获后，要把废旧地膜清理干净，这样可以防止农田污染，保护环境。”

“爸爸，玉米地膜覆盖栽培技术这么麻烦，农民伯伯们为什么还要用呢？它一定有很厉害的地方吧，爸爸快给我讲讲。”琪琪急切地问。

爸爸笑着说：“玉米喜欢温暖的环境，在寒冷的地方长不好，产量很低。而地膜覆盖栽培技术可以提高土壤温度，让玉米长得更好，产量更高。此外，地膜还能保温、保水、保持养分，增加光照效果，抑制杂草生长，防除病虫害，还能提早播种、提前上市，提高经济效益，真是一举多得呢。”

“哇，真的好棒！我相信随着这项技术的推广，甘肃省的经济会发展得越来越好，中国的甜玉米产量也会逐渐提高，成为大家餐桌上常见的美味。”琪琪自信满满地说。

小小地理学家的话

酒泉市位于河西走廊的西端，南靠祁连山麓，属于典型的温带大陆性气候，日照充足，光热条件好，适合玉米种植。甜玉米味道甘美、风味独特，颇受老百姓喜爱，而当地运用地膜覆盖技术实现了产量增收，使得甜玉米的市场供应量增加，让越来越多的人有机会品尝到风味佳又有营养的甜玉米。

黄河畔的“金甲”传奇

这天琪琪放学回家，一进门就闻到一股浓郁的香味。他顺着香味走进厨房，问妈妈：“妈妈，您又在做什么好吃的呀？”

“琪琪回来啦，你姑姑从山东带回来了黄河甲鱼，今天晚上我们一家人好好吃一顿！”妈妈一边忙活一边回答。

“黄河甲鱼？黄河的甲鱼跟别的地方的甲鱼有什么不一样吗？”琪琪心里疑惑，看到妈妈正忙着，便跑到书房问爸爸：“爸爸，黄河甲鱼是什么特殊品种吗？”

> **知识点**
>
> 黄河甲鱼是菏泽市养鱼大家庭里的明星。菏泽市特别重视养甲鱼，鼓励养殖户开展甲鱼产品深加工，就像是给甲鱼穿上漂亮的衣服，让它们变成有特色的黄河甲鱼。这样，甲鱼就能成为菏泽市的一张闪亮的名片。

“哈哈，琪琪是被厨房里的香味馋到了吧？”爸爸放下手中的报纸，笑着对琪琪说。

“哪有，我只是好奇嘛。”琪琪不好意思地挠了挠后脑勺。

“哈哈哈，好，爸爸告诉你，今天做的黄河甲鱼啊，是你姑姑从山东菏泽市带回来的。这是我们国家土生土长的甲鱼品种，营养价值很高，可以入药，有清热、平肝、补肾的作用。”爸爸停了一下，继续说，“这黄河甲鱼啊，还是菏泽市绿色产业发展的招牌呢！”

“这是什么意思呢？”琪琪疑惑地问。

“菏泽市大力发展无公害健康养殖，养殖面积已经达到了4万多亩，有很多无公害认证的产品，其中黄河甲鱼就是他们最出名的特产之一。”爸爸说到这里，忍不住想给琪琪讲讲菏泽市的故事，因为琪琪最近对各个城市的绿色发展很感兴趣。

爸爸兴致勃勃地说：“菏泽市真是很有头脑，他们建了很多现代化的渔

▼甲鱼

小小地理学家的话

菏泽市政府深入学习贯彻党中央推动现代渔业高质量发展的决策部署，努力改善科研条件，完善基础设施，致力于研究渔业实用技术，引进和试验养殖新技术、新品种，致力于用科技推动绿色产业发展，推动科学生产，成立渔业科技示范区，通过改进水产品保鲜、保活技术，提高渔产品深加工水平，提高渔产品附加值，并利用绿色渔业带动城市发展、乡村振兴，助力国家海洋战略实施。

业园区。这些园区不是个人办的，而是当地的养殖户一起成立的合作社，用了很多先进的设备，集合了人力、物力和财力，把标准化、集约化的健康养殖模式做到了最好。”

琪琪印象中的鱼塘，还是在农家乐里看到的小水塘，里面游着一群可爱的小鱼。他想象不出现代化的鱼塘是什么样子。爸爸看出琪琪的眼神里充满了好奇，继续说：“他们的合作社还紧跟时代潮流，利用电子商务在网上卖观赏鱼，同时还发展休闲渔业，让游客可以来参观、娱乐、垂钓，带动了很多县区的人脱贫致富！”

“最让爸爸佩服的是，菏泽市发展渔业的理念非常注重生态保护，并且付诸行动。他们在发展的同时，还在修复渔业资源，每年举办‘放鱼养水’活动，改善城市水系的生态环境，提升城市气质。每年还有很多游客专门去那里旅游观赏，真是一举多得啊！”爸爸说道。

“爸爸，看您的表情，您一定很喜欢菏泽市吧。”琪琪俏皮地对爸爸说。

“是啊，爸爸可想去菏泽市看看呢。听说菏泽市还经常和科学研究院合作，开发新技术，创新养殖方式和技术，引进优质水产品种，不断优化养殖结构，同时保证水产品的健康品质。绿色健康正在成为菏泽市的城市名片！有机会，爸爸带你一起去菏泽市的养殖基地看看，好不好？”爸爸承诺道。

琪琪一听，两眼放光：“好呀，我一定要好好见识一下！”

“开饭啦！”妈妈的声音和甲鱼的香气传来。这天，琪琪吃得格外香。

第二章　绿色工业

绿色生产领航下的现代工业

黄河自古以来就是中华民族的母亲河，她用甘甜的乳汁，无私地养育了世世代代的中华儿女。

黄河岸边，肥沃的土地、富饶的平原、甘甜的水源，孕育了中华上下

▲黄河湿地公园景色

五千年的历史，我们在黄河母亲的庇佑下安居乐业。

可是随着工业的飞速发展，黄河的生态环境也遭到了破坏，于是人们开始专注于发明新的环保工艺，推广清洁能源，发展循环工业，实现绿色生产，推动黄河流域工业产业朝着更高质量、更有效率、更加公平、更可持续的方向发展。

在黄河流域的绿色工业发展进程中，人们探索出把黄河淤泥变为“绿色水泥”的凝石技术，发明出用黄河淤泥造房子的新工艺，开创出“定制”黄河水，助攻河南腾飞的发展新举措，摸索出山西煤炭的绿色进阶之路，推广使用清洁能源，走可持续的绿色发展道路……

黄河的淤泥竟然能变成绿色水泥，这不仅治理了“地上悬河”，还能变废为宝

淤泥变“绿石”

连日暴雨，琪琪已经三天没有到公园里玩了。琪琪心里憋闷，望着窗外的大雨连连叹气。

百无聊赖的琪琪跑到书房“打搅”正在读书的爸爸，他撒着娇说：“爸爸，我好无聊呀，您给我讲个故事听，好不好？”

爸爸放下手中的书本，说道：“好啊，琪琪想听什么故事？”

琪琪转了转眼珠说：“就讲讲‘地上悬河’的故事吧。”

爸爸好奇地问：“琪琪，你怎么想起‘地上悬河’了？”

琪琪说：“老师前几天提到过‘地上悬河’，但是没有细讲，老师说黄河下游的淤泥量很大，水位也一直在上涨，如果不严密防护，很容易引发洪灾的，所以我想听爸爸仔细讲讲，我们有没有办法治理‘地上悬河’。”

爸爸为琪琪的求知欲感到高兴，很乐意为琪琪答疑解惑。爸爸先让琪琪看了一段有关‘地上悬河’的视频，视频中，泥沙滚滚，水流湍急，很是震撼。看完后，爸爸才开始为琪琪讲解‘地上悬河’的来历：“在很久以前，黄河下游的平原地区的水系是十

分发达的，在水流激荡下形成了多股河道，那时黄河还有‘九河’之称；到了春秋战国时期，铁制工具开始被广泛使用，人们的耕作效率提高了，黄河下游很多地方被改成了耕地，洪水发生的次数就增加了，于是人们开始了大规模的修筑堤防活动，黄河的泥沙也在逐年累积；到了西汉末年，黎阳也就是今天

知识点

地上悬河，指河流流速变慢，泥沙堆积在河底，使得河床变得比两岸的地面还要高，河水就像悬在地面上一样。

▼浑浊的黄河水

的河南浚县，附近的河床已经高出了民居，成了‘地上悬河’。”

琪琪沉默了一会儿，抬头问爸爸：“古时候人们的防洪技术不发达，洪水一定给他们带去了很多灾难吧？”

爸爸叹气道：“是啊，当时的人们可是受尽了水患的苦。”

知识点

凝石，是将某些类型的工业废弃物磨细后再“凝聚”成的“石头”，比水泥的强度、密度、耐腐蚀性更加突出，因此被称为“绿色水泥”。

琪琪对爸爸说：“我相信现在的我们、未来的我们，一定会好好地保护黄河。”

爸爸欣慰地笑了笑：“那爸爸来考考你，你都知道哪些治理‘地上悬河’的方法呢？”

琪琪转动着脑袋回答：“‘地上悬河’最大的难题就是淤泥很多，那我们直接把泥沙挖走可以吗？”

“这个办法很直接，但工程量太大了，不太现实。”爸爸否定了琪琪。

“或者，我们在周边多多地植树造林，减少水土流失，进入黄河的泥沙少了，淤泥也就慢慢减少啦！”琪琪说道。

“这个办法好。不过，爸爸知道一个更妙的方法，琪琪想不想听？”爸爸说道。

“有什么方法？爸爸快讲！”琪琪好奇地催促爸爸。

“那就是把黄河淤泥变成绿色水泥，不仅能治理黄河，还能发展工业。”爸爸对琪琪说。

“这怎么可能？淤泥怎么能变成水泥呢？我不信。”琪琪疑惑地问。

爸爸翻出书架里收藏的报纸，念道：“由清华大学国土资源研究中心主导的团队发布最新科研成果，硅铝质矿物可以作为凝石的生产原料，这就是说，黄河淤积的泥沙经过特定的技术处理，就可以变成优质的凝石产品。”

听到这里，琪琪兴奋地说：“这可真是变废为宝哇！”

“是啊，而且这项科技成果，是中国拥有自主知识产权的，是中国科学家努力的巨大成果呢。我们都期待着，中国可以在黄河治理方面有更大的突破。”爸爸自豪地说道。

青海省用太阳能、风能和水能点亮了绿色未来，守护着蓝天白云

青海绿能，守护蓝天

闷热的夏夜，蝉鸣声此起彼伏，让琪琪感到烦躁。突然停电了，没有空调的房间变得非常热，琪琪汗如雨下。“怎么还不来电啊？真的太热了。”琪琪忍不住抱怨道。

“心静自然凉啊，琪琪。”爸爸安慰他。

“夏天是用电高峰期，供电紧张，偶尔停电是正常的。”哥哥妈妈找来了手电筒，边分给大家边解释。

“唉，夏天没了电，空调开不了，电视也看不了，又热又无聊。”琪琪还是情绪低落。爸爸清了清嗓子，神秘地说：“既然现在什么也干不了，不如我们开个知识交流会吧？”一听可以学习新知识，琪琪立刻来了精神，兴奋地说：“好啊，好啊！什么主题呢？”

“今天停电了，我们就讲讲和电力相关的内容吧。”爸爸很快定了主题。“我先来起个头。”琪琪想了想，开口说，“现在大家越来越重视环保，清洁能源供电变得越来越受欢迎。以前城市里用电，通常是用火力发电，就是烧煤炭等高污染燃料来加热水，用水蒸气推动发电机产生电能。这种方式对空气污染很大，而且开采煤炭还会破坏地面，浪费资源。”

“说得真好，琪琪的知识真丰富！”哥哥鼓掌称赞，“那接下来我来说。”哥哥接着琪琪的话题继续讲解，“青海省就是一个很好的例子。那里阳光充足，有很多戈壁滩，非常适合发展光伏发电。青海省还是长江、黄河和澜沧江的发源地，水电资源也非常丰富。此外，风能发电也是青海省的一大特色。可以说，青海省是一个清洁能源大省！”

爸爸接过话题说：“青海省还用了一种很厉害的技术，叫‘多能互补’。这种技术可以利用不同类型的清洁能源，调节供电，保持供电稳定。这真是高科技啊！”

“是啊，”妈妈笑着说，“青海这几年在清洁能源方面的发展非常快。他们已经连续几年实现了全清洁能源供电呢。”

▲风力发电

琪琪听得津津有味。突然，电来了，客厅里又亮了起来。可是琪琪却意犹未尽，回味着刚才的知识交流会。“要是能再多停会儿电就好了。”琪琪有些遗憾地说。大家都被琪琪的样子逗笑了，纷纷答应以后要多举办这样的家庭知识交流会。

知识点

清洁能源，即绿色能源。主要指利用之后不排放污染物，对环境影响小且经济性较强的能源。主要包含太阳能、风能、水能等可再生资源，以及属于不可再生资源的核能。清洁能源凭借其大部分为可再生，且对环境污染小的两个绝对优势，受到世界各国的重视，正逐渐占据能源市场。

▼光伏发电

绿色煤炭，山西新绿

琪琪放学回到家，就看见爸爸一手拿着放大镜，一手拿着块黑乎乎的东西，正全神贯注地端详。琪琪放下书包，走到爸爸跟前好奇地问："爸爸，您在干吗呢？"

爸爸被琪琪吓了一大跳："你这孩子，怎么走路悄无声息的，可把爸爸吓了一跳！"琪琪挠了挠头，不好意思地道歉："对不起，爸爸。我就是太好奇了嘛。这到底是什么呢？""这啊，可是个'老古董'啦！""爸爸您就别卖关子啦！"琪琪已经迫不及待地想知道答案了。

"好啦，好啦。"爸爸决定不再逗琪琪了，"这是一块来自山西的煤炭矿石，货真价实的'老古董'啊！"爸爸转身在沙发上坐下，对琪琪说道："山西一直存在着'煤多水少'的问题，在煤矿开采的过程中，需要用到大量的水资源，也会产生一定的工业废水，这给黄河的生态造成了一定程度的破坏。"

"那他们采取什么补救措施了吗？"琪琪的心揪了起来，他焦急地问。"那当然，山西省也意识到了这样的粗放发展方式并不是长久之计，于是采取了一系列'绿色矿采'措施：发展煤炭洁净技术，在进行煤燃烧之前就进行净化加工或是将煤炭直接转化为清洁燃料，以减少污染排

知识点

煤层气，俗称"瓦斯"，是指储存在煤层上方，以甲烷为主要成分的气体，这种气体常常和煤炭一起出现，就像是煤炭的好朋友。煤层气对环境的影响非常大，它的温室效应比二氧化碳强21倍。如果直接排放到空气中，会对生态环境造成严重的破坏。但是，如果经过加工处理，它可以和天然气混合使用，燃烧后几乎不会产生污染，是一种非常好的燃料。

放与提高煤炭利用效率。”

“那就好。”琪琪心里的大石头终于落了地。爸爸看到琪琪松了口气的模样，忍不住笑了起来，接着又说道：“还不止这些呢。山西省还注重开发利用煤层气。”“煤层气？什么是煤层气？”听到陌生的名词，琪琪总是忍不住追问。“煤层气主要成分是甲烷，它就躲在煤层的上边，每次开采的

▼煤炭

时候啊，一不小心它就会跑出来。”爸爸给琪琪细心地说道。“甲烷？那不是温室气体吗？”琪琪有些吃惊。

爸爸点点头，似乎料到了琪琪的反应，严肃地说道：“当煤层气在空气中含量达到5% ~ 16%时，遇明火易爆炸，极易导致事故，可以说是十分危险。但只要加以开发利用，煤层气在加工之后，就变成好的发电、生活燃料，因为它燃烧后几乎零废气量。所以，煤层气的开发不仅保护了臭氧层、减少了煤矿瓦斯爆炸事故的发生，还能生产洁净能源，一举多得啊。”

琪琪在一旁频频点头，看着桌上黑乎乎的煤炭矿石标本说：“真没想到，仅仅一个煤层气就能带来这么多的改变。要是认真循环利用好煤矿的每一处资源，那不知道还能为地球增添多少绿色呢！真希望能够一直绿色开采！”

小小地理学家的话

山西省煤炭资源丰富，分布较广，品种齐全。含煤面积占全省总面积的40.4%，已探明资源储量约占全国的1/4。以前，山西省在开采煤炭时遇到了一些问题，学到了很多经验教训。为了更好地保护环境，山西省采取了一些绿色的方法，比如绿色采矿、煤炭清洁高效利用、煤炭低碳循环等绿色经济举措，取得了一定的成效。

风筝在春风里飞舞，内蒙古自治区的“风”和“光”也在为地球加油充电

风光明媚绿草原

又是一个春光明媚的周末，琪琪一家来到公园野餐。天空中各式各样的风筝在翱翔，公园的草坪上一片欢声笑语。琪琪也来回奔跑着，但风筝却一直飞不上天，不一会儿琪琪便气喘吁吁地停了下来，双手撑着膝盖，有些气馁地说道：“好累啊！这风筝怎么样都飞不上天。”

正在远处喝茶的爸爸见琪琪停下了奔跑的脚步，走到琪琪面前，和

▼辉腾锡勒草原的风力发电机组

蔼地问："琪琪啊，怎么啦？怎么不放风筝了？""这风筝像跟我作对似的，我都跑了这么多圈了，它就是上不了天。"琪琪哭丧着脸回答。

"琪琪，放风筝啊，是不讲蛮力讲技巧的。"爸爸笑了笑，拍拍琪琪的头，"你按爸爸讲的放风筝绝招去做，保证风筝会飞得又高又远。"琪琪抬起头，眼里闪着兴奋的光芒，急忙问："真的吗？""当

知识点

风力发电，指通过风车等风力发电机械设备，把干净无污染的风能变成电能。风能是一种可再生的新能源，里面蕴含的能量非常大。科学家估计，地球上可以用来发电的风力资源大约有100亿千瓦，这可是全球水力发电量的10倍左右呢！风力发电不会像烧煤或烧油的传统发电方式那样产生有害的辐射或污染空气，所以它非常环保。

▲风力发电

知识点

光伏发电，指用太阳能电池板等设备，把太阳光直接变成电能。太阳能是一种非常棒的新能源，它有好几个优点：无枯竭危险、无污染、无公害等。现在，太阳能是大家重点开发的一种能源。中国是世界上安装太阳能电池板增长最快的国家。到2030年，中国的光伏发电量预计将达到1300亿千瓦时，这对保护环境有很大的好处。

▼荒山上的光伏发电设施

小小地理学家的话

包头市政府加快绿色转型，推动传统产业清洁化改造和现代能源经济建设，大量开发如风能、太阳能等当地丰富的可再生清洁能源。在促进当地经济发展的同时，也保护了当地生态环境。

然啦！你先要判断出正确的风向；接着，你跑的时候要看准时机，正所谓‘好风凭借力，送我上青云’。只有抓准用风的时机，逆风放飞，再借助巧劲，风筝才能轻松地飞起来。”

琪琪听完之后跃跃欲试，按照爸爸说的小技巧，果然不一会儿风筝就飞上了天空。爸爸站在琪琪身旁，望着高高盘旋在空中五彩斑斓的各式风筝，兴致盎然地说：“琪琪，你知道我们国家有哪些风能丰富的地区吗？”琪琪一边调整着风筝线，一边流利地回答：“东南沿海地区，青藏高原地区，还有内蒙古自治区，等等。”

爸爸满意地点了点头，接着琪琪的话继续说道：“内蒙古自治区位于我国北部，那里的风很大很稳定，而且地方宽广人少，非常适合建很多风力发电机。”

“内蒙古自治区属于黄河上游地区。那里有一个叫包头黄河湿地的地方，非常特别，是全球鸟类迁徙的重要中转站。”爸爸背着手，开始讲述内蒙古自治区与黄河的渊源，“随着科技的进步和大家对环保的重视，政府越来越喜欢用清洁能源，比如风力发电、光伏发电和水力发电。这样一来，既能保护黄河上游的生态环境，又能实现绿色经济的发展目标，推动内蒙古自治区的工业和能源行业发展，真是‘风’‘光’无限好啊！”

“没想到我们身边这些看似平常的东西都能变成绿色能源，真是太酷了！”琪琪听得津津有味，心里暗自想着。突然，他感觉到手上的风筝线动了一下，差点忘了自己还在放风筝。“哎呀，我的风筝！”琪琪看到风筝摇摇欲坠，赶紧大喊道。

爸爸看着琪琪手忙脚乱的样子，忍不住笑出了声。向着琪琪跑远的方向喊道：“琪琪，你等等爸爸啊！”

黄河水变成了巩义市工业的超级英雄，为铝厂带来了生命之源

黄河水润工业兴

吃过午饭，爸爸和琪琪一人拿着一本书坐在窗边的书桌旁认真翻阅，一起享受宁静的午后时光。琪琪拿了一本地理书，随手翻到了讲南水北调工程的一个章节，上面详细解释了我国的南水北调工程及其意义。琪琪边看边忍不住赞叹："这个工程真是太伟大了！"

在一旁看书的爸爸被琪琪的声音吸引，便询问道："什么工程这么伟大？"琪琪骄傲地回答："是南水北调工程。虽然这个工程耗费了很多心血和钱，但它对北方地区的发展帮助很大。"

听到琪琪的回答，爸爸点点头，然后又问："除了南水北调工程，你还知道

知识点

南水北调工程主要是为了解决我国北方地区，尤其是黄河、淮河流域的水资源短缺问题，通过东线、中线、西线三条调水线路建立起与长江、黄河、淮河和海河四大江河的联系，构成以"四横三纵"为主体的总体布局；对水资源进行跨区域调配，来推动实现中国水资源南水北调、东西互济的合理配置格局。

▼南水北调，生态惠民

▼中国铝业股份有限公司广西分公司

哪些通过调水造福社会的例子吗？”琪琪挠挠脑袋，一时想不出还有什么例子，只好求爸爸帮忙解答。

爸爸没有直接回答，而是带着琪琪去了厨房，拿出一个银色的小碗，问琪琪知不知道这是什么材料。“是铝吗？”琪琪不太确定地回答。爸爸点点头，表示琪琪答对了，然后继续问道：“那你知道电解铝是什么吗？”琪琪摇摇头。爸爸耐心地解释说：“电解铝就是通过电解得到的铝，这个过程需要大量的水。这就给很多企业带来了难题。河南省巩义市就通过调水很好地解决了这个问题。”

“铝加工是巩义市的传统支柱产业，当地有很多大型现代化企业，主要生产火电、电解铝和铝深加工产品。这些企业在发电和电解过程中都需要用到大量的水。随着经济的快速发展，用水量也大大增加。你觉得这些水是从哪儿来的呢？”爸爸故意卖了个关子。

见琪琪一脸着急的样子，爸爸不再逗他，解释说：“河南省河务局积极与地方政府合作，推动‘黄河水+地方工业’项目，让黄河水成为助推地方经济发展的法宝，为这些企业提供所需的水资源。”

爸爸接着讲：“2009年9月，河南黄河河务局与巩义市政府以及当地企业共同出资组建了河南黄河河洛水务公司，建设了一个引黄供水水源地工程，为巩义市东部地区提供水资源支持。自从用上黄河水后，这些铝矿企业再也不用担心缺水问题了。更重要的是，有了黄河水的供给，企业不再开采地下水，既保护了环境，又解决了扩大生产时的用水问题。这‘定制’的黄河水帮助河南工业快速发展。”

听了爸爸的话，琪琪不禁感叹：“这个工程也很厉害呢，它为地方工业带去了水资源。”爸爸赞同地说：“铝加工是巩义市的传统支柱产业，巩义市生产的铝制品远销海内外。有了黄河水之后，这些企业的效益更好了，每年交的税收也更多。这样不仅企业自己富裕了，还带动了当地经济的发展，改善了大家的生活。”

乌海市怎样从“煤都”变身为绿色先锋？让我们一起探索产业转型的神奇之旅

乌海转型绿意浓

周末的早晨，阳光灿烂，琪琪和爸爸在家里忙着打扫卫生。爸爸找出了许多旧东西，比如琪琪小时候玩的玩具、以前看过的书等等。这些东西因为放了很久，上面都沾满了灰尘，轻轻一吹，灰尘就飞舞起来。

▼露天煤矿

爸爸把这些旧东西收拾好，正打算把它们打包送到回收站去，这时琪琪跑过来不让送。爸爸好奇地问："这些你都不用了，放在家里占地方，不如送去回收站，让它们发挥新作用。"听了爸爸的话，琪琪觉得有道理，但还是有点舍不得。看到琪琪为难的样子，爸爸温柔地说："孩子啊，老话说得好，旧的不去新的不来，我们要学会迎接新的东西。"

见琪琪还是有些犹豫，爸爸继续说："就像我们现在经常提到的产业转型，也是这个意思。人们会淘汰那些效益低、污染重的老产业，转而发展对环境友好、利润高的新产业，这样不仅能让大家赚更多钱，还能保护我们的地球妈妈呢。"

"爸爸，我明白了，我想把这些旧东西送出去。"琪琪说着，突然又兴

奋起来，“不过我对您说的那个产业转型更感兴趣了，能给我讲讲吗？”爸爸看着注意力已经转移到别处的琪琪，笑着点点头。

“有一个叫乌海的城市，过去被称为‘煤都’，那里的人们靠挖煤来赚钱，但这给城市带来了严重的空气污染，天空总是灰蒙蒙的，空气里还有很难闻的味道。”爸爸开始讲述。

“那后来呢？”琪琪迫不及待地想知道接下来的故事。爸爸示意他耐心听下去。

“后来，乌海市的人们决定改变这种状况，他们开始用新技术改进传统工艺，并且和科学家合作，还制定了一些规则鼓励企业使用更加环保的方法。这样一来，不仅煤炭变得更值钱了，而且城市的空气质量也变好了。”爸爸解释道。

“乌海市的企业不再只依赖煤炭，而是开发了许多新产品，比如清洁能源和生物技术。现在乌海市变得越来越美，经济发展也越来越快了。”爸爸补充说。

琪琪听得津津有味，连连点头。他对乌海市的变化感到非常惊讶，同时也学到了很多关于环境保护的知识。

▼煤矿

古老的仰韶彩陶在现代焕发新生，不仅装着美酒，还承载着历史的故事

彩陶重生，美酒飘香

琪琪一家决定去河南旅行。一说到河南，就不得不提“四大文化之一”的仰韶文化了。于是，刚到河南的第二天，琪琪一家人就开车来到了河南省的仰韶文化博物馆参观。

这个博物馆专门展示史前的文化，里面藏有六万多件宝贝。这么多有趣的东西让琪琪非常兴奋，他不停地赞叹着。他仔细地看着每一件文物，生怕错过任何一个。虽然有很多色彩鲜艳、形状奇特的文物，但琪琪却对一个看起来很普通的彩陶盆特别感兴趣。他在这件艺术品前站了很久，目不转睛地欣赏着。

知识点

仰韶文化最特别的地方就是那些漂亮的彩陶。在很早的时候，有一个叫西安半坡的地方，那里的彩陶主要是用黑色来画画的。画上的图案大多是真实的东西，比如小鱼、青蛙、人脸的样子，还有一些好看的几何图形。这些彩陶就像是一本图画书，记录了古人们看到的世界。

爸爸看到琪琪这么认真，走过来轻声解释说：“仰韶文化是很久很久以前，在黄河附近的人们创造的一种文化。它得名于河南省的一个叫仰韶村的地方。那时人们主要靠种田过日子，他们已经知道怎么制作漂亮的陶器了。这些陶器不仅很好用，还很漂亮。他们会把大自然中的东西画成图案，然后烧制在陶器上，做成五颜六色的彩陶。你眼前的这个彩陶盆就是很有代表性的一件作品。”

琪琪听得入了迷，急切地问：“还有更多吗？爸爸再多告诉我一些！”爸爸笑着拍了拍琪琪的头，继续说道：“仰韶彩陶是非常有名的，被称为‘华夏之源’。因为它们的颜色好看，形状古朴，所以在中国的艺术史上非常重要。你知道吗？河南有一家公司，他们在生产酒的同时也传承和发展了彩陶文化。这种产品可以用陶器来装。你能猜猜看是什么吗？”

“需要用陶器来装的……是不是酒呢？”琪琪猜测道。“答对了！就是酒。”爸爸高兴地说，“从很久以前开始，人们就用陶器来装酒了。直到现在，很多白酒公司还是喜欢用陶器来存放他们的美酒。”

“那用陶器装酒有什么好处呢？”琪琪好奇地问。爸爸耐心解释：“陶器是用泥土做的，表面有很多小孔，可以让空气通过，这对酒的味道非常好。”

听完后，琪琪点了点头，又问道：“那怎样才能把这两者结合起来，发挥各自的好处呢？”爸爸赞赏地看着他说：“这是个好问题。这家公司在酿酒时发明了一种特殊的工艺，叫做‘四陶工艺’。这样制作出来的酒和瓶子都非常漂亮。很多人买这种酒，就是因为喜欢那个漂亮的陶瓶。酒喝完后，还可以把瓶子当作装饰品放在家里。”

“原来如此，我也要努力学习，将来把传统文化和现代科技结合起来，做出有用又美丽的东西。”琪琪充满激情地说。

▼月牙纹彩陶罐（仰韶文化）

▼鲵鱼纹彩陶瓶（仰韶文化）

▼仰韶文化遗址出土的陶器

小小地理学家的话

优质陶土加上一把黄河泥，经过打磨、雕刻、烧制等工序后，摇身一变，成了一个古色古香的彩陶。美酒与美器的完美结合，达到美美与共的效果，同时具备艺术价值和经济利益。

黄河的淤泥不仅能堆成河堤，还能变身成砖头盖房子

黄河泥造新家

趁着周末，琪琪一家人来到了山西省吉县黄河壶口瀑布景区。游玩了一天，大家都有些疲惫，晚上就住宿在当地的民宿。

琪琪和爸爸住一间房。因对白天看到的景观感到太过震撼，以至于晚上躺在床上，琪琪都还十分兴奋。他激动地跟爸爸说："我之前也看过很多瀑布，但今天还是第一次见到这种黄色的大瀑布。"爸爸笑着摸摸琪琪的头，认真地解释道："壶口瀑布是世界上唯一的金黄色大瀑布，它也被誉为镶嵌在九曲黄河上的一颗璀璨明珠。""哇，这么厉害！"琪琪感叹道。随即，他又担忧地问爸爸："可是这么多泥沙堆积，就会抬高河床，成为地上悬河引发洪水，有没有什么办法可以变泥沙为宝呢？"

爸爸凝神想了一会儿，突然将视线定格在墙上，他指着墙壁上的砖对琪琪说："你看我们现在住的房子，就是用黄河里的泥巴做的。人们利用黄河带来的泥沙来制作多孔砖，这样既能清理黄河，又能解决泥沙过多的问题，还能用来盖房子。你说这算不算把废物变成了宝贝呢？""当然算，可是淤泥是怎么盖房子的呀？"琪琪不解地问。爸爸耐心地解释道："我们现在住的房子叫做砖混结构住宅。它用到的砖就是用黄河泥巴烧制出来的多孔砖。"

"那拿多孔砖来盖房子相比于其他材料有什么优势吗？"琪琪追问道。爸爸向琪琪投来赞赏的目光说："这个问题问得好。其实，砖混结构的房子在我国很常见，特别是在20世纪80年代的时候非常流行。后来，国家提倡节约能源，传统的实心砖因为不够节能，慢慢就被淘汰了。取而代之的是用黄河泥巴做的多孔砖，这种砖在盖房子时用得越来越多。它有很多好处，比如可以保证房

知识点

黄河淤泥烧结的多孔砖，是以黄河淤泥为主要原料，掺加适量的黏土经焙烧而成的。

子建得又好又结实。这种多孔砖上有很多小洞洞，所以比普通的黏土砖要轻很多。而且，在制作过程中使用了一种叫做真空挤压的技术，这让砖块变得更坚固。最重要的是，这些砖能让墙壁更加牢固，即使遇到地震也不容易倒下，这样住在里面的人就更安全了。”

“嗯嗯。”琪琪认真地点点头，同时又问，“那它就没有不好的地方吗？”“傻孩子。”爸爸摸摸琪琪的头答道，“没有任何事物是十全十美的，这种砖也有一些小缺点，比如在制作的时候，为了不让砖裂开，除了黄河泥巴外，还需要加一些黏土进去。不过，随着科技的进步，以后肯定能找到新的材料来代替黏土。”“一定会的。”琪琪坚定地说。

“既然这种砖有这么多好处，那国家为什么不赶紧大力发展这种产业呢？”琪琪开心地问道。“事情没有那么简单哦，还有很多事情要考虑。”爸爸认真地说。“为什么呢？还要考虑什么呢？”琪琪好奇地问。爸爸耐心地解释：“你看，如果我们想让黄河泥巴做的多孔砖产业发展得更好，首先我们要好好计划怎么用这些泥巴。我们得想办法尽可能多地使用这些资源，同时减少浪费，让资源可以循环利用。我们还要尽量节省能源，找到更好的方法来使用这些资源，这样我们的地球才能一直健康下去。建设一个节约资源、保护环境的社会不是一天两天就能完成的，这需要大家长期的努力才行。”“我明白了，以后我要更加努力学习，将来为保护黄河流域做贡献！”琪琪坚定地说。“好样的，琪琪！你真是个有志气的好孩子，爸爸相信你能做到的！”爸爸赞许地拍了拍琪琪的肩膀。

知识点

在我国的很多大城市和中等城市里，已经不允许使用烧结实心砖了。这种砖是用黏土、煤矸石、建筑废料和污泥等材料烧制而成的普通砖。它的缺点有很多，比如制作时要用掉很多能源，而且砖块比较小，遇到地震的时候也不太安全。

小小地理学家的话

利用黄河本身具有的大量的天然废料——黄河淤泥烧制承重多孔砖，不仅可以清理河道，缓解黄河洪涝灾害的发生，还可以变废为宝，替代黏土砖作为承重墙体材料，这也是黄河淤泥废料资源化利用的成功经验。

▲黄河壶口瀑布

第三章　绿色服务业

▲宁夏银川

开创黄河绿色服务业新局面

随着时代的进步，黄河流域的服务业也在慢慢变得越来越繁荣。

本章将带领大家感受黄河作为旅游胜地的独特魅力，看看那里绿色服务业是如何一天比一天更加兴盛的。

黄河就像一位大自然的魔法师，它吸收了冰雪的纯净，拥抱着日月的

▲沙坡头国家级自然保护区

光辉，汇聚了无数小河的力量，形成了壮丽的大江。

在推进黄河流域绿色服务业发展的进程中，沿岸城市积极将丰富的文化资源转化为文化产业和旅游产业，他们非常重视开发黄河的旅游资源，希望通过旅游让整个黄河流域变得更加美好，创造出独一无二的黄河旅游品牌。

银川市积极推进湿地的恢复与保护，为“丝路明珠魅力银川”新添一张“国际湿地城市”的耀眼名片；景泰县则以黄河石林景区为亮点，推动整个地区的旅游发展，打造既有美景又有文化的旅行体验；东营市依托自己作为黄河入海口的独特优势，积极打造“黄河入海”品牌……

玛曲湿地

暑假到了，琪琪想着终于可以放松一下了，每天睡到太阳晒屁股了才慢吞吞地起床，然后就是看电视、玩游戏，足不出户，眼看就要变成宅男了。看见琪琪过了这样几天作息不规律的“宅家”生活后，爸爸实在是看不下去了，便叫醒了日上三竿却还在睡梦之中的琪琪，有些神秘地问道：

▼玛曲湿地

“琪琪，暑假有没有兴趣和爸爸去旅游呢？”

“不去了，爸爸，家里多舒服啊。”琪琪翻了个身，打算继续睡觉。爸爸在琪琪床边坐下，略有些失望地说：“那真是太可惜了，本来我还想着和琪琪去看看大草原，看看著名的黄河逆流奇观和‘黄河九曲’的首曲。现在看来，是不可能喽。”说着，爸爸便慢腾腾地从琪琪床边起身，意欲离开。不出爸

知识点

湿地生态电子监测系统，就像是一个超级聪明的“电子小侦探”，它会对湿地进行仔细的观察和研究。这个系统会检查湿地里的一切，比如水、植物和动物的情况，根据这些信息来判断湿地是否健康。通过收集到的数据，帮助人们了解如何更好地建设和修复湿地。，它能告诉我们湿地哪里需要特别照顾，哪里需要恢复，从而让湿地变得更加美丽和健康。

▼黄河九曲第一弯

▲黄河源头

爸所料，琪琪果然被他的描述勾起了好奇心，"噌"地从床上起身，开口道："爸爸，您别走啊，黄河逆流是什么？还有'九曲'的首曲又是什么？您快告诉我吧！"琪琪向爸爸说道。

爸爸转过身，笑眯眯地说："我说的就是在青藏高原东北部的甘肃南部的玛曲。这'玛曲'啊，在藏语里就是'黄河'的意思。那里甚至一度被认为是黄河的源头。当地人对黄河十分敬重，至今当地的群众还保留着祭拜河神的习惯。"

爸爸边说边踱步到书桌前坐下，继续说："黄河从青藏高原巴颜喀拉山脉发源，一路蜿蜒东流。当它从青海进入甘肃玛曲县的时候，在阿尼玛卿山和西倾山之间的大草原上左拐右拐。到了四川若尔盖草原的唐克镇，遇到了高山挡路，只好来了个180度的大转弯，就像一只手臂一样，把玛曲抱在怀里，然后向西流了400多千米，又回到了青海。这个神奇的大拐弯形成了黄河九曲中的第一个特别景象——首曲倒流。"

此时，琪琪已经睡意全无，聚精会神地听着爸爸的讲解。“黄河一路奔腾，河流冲出大山，河谷两侧滋养出丰茂的牧草，肥壮的牛羊，还有骏马。”爸爸仍在娓娓道来，“同时，这也让玛曲全县95%以上的土地都是湿地。这就是著名的玛曲湿地。而这片湿地也是黄河重要的水源补给区，人们称它为‘高原水塔’和‘黄河蓄水池’。”忽然，爸爸停了下来，琪琪好奇地问道：“爸爸您怎么啦？怎么不继续说了呀？”爸爸叹了口气，重新开口的语气已不像之前一般轻快：“由于自然变化和人类活动的影响，玛曲湿地现在出现了一些问题，它的生态环境受到了损害，被称为‘黄河之肾’的地方正在面临困境。”

爸爸又连忙解释道：“别太担心，我们的国家正在积极保护和修复这些湿地。比如，他们建立了一个‘湿地生态电子监测系统’，就像是给湿地请来了高科技的‘电子警察’，来帮助保护湿地。”

“不止如此。”爸爸又接着说道，“当地还专门建了一套地理信息系统，用来研究湿地的各种数据，通过科学的方法来进行更好的修复工作。现在，甘南湿地已经开始慢慢恢复原来的美丽景色，越来越多的人来这里旅游，旅游业也越来越繁荣了！”

“哇，我要去，我要去！”听爸爸说了这么多，琪琪早就动了心，甚至迫不及待地想要出发了。

小小地理学家的话

甘南玛曲，位于甘肃省甘南藏族自治州西南边陲，青藏高原东部。玛曲县拥有黄河九曲之首曲，全县湿地面积占到95%，境内有23条一级支流及300多条二三级支流通过玛曲草原和湿地汇入黄河。以阿万仓湿地为核心的玛曲湿地群，为中国五大草原湿地之一。

黄河石林旁，古老工程变身彩虹乐园，景泰县用智慧将自然与文化编织成最美的风景

石林映彩虹

这个周末，琪琪全家决定去周边的乡镇来一次乡野踏青，为此琪琪已经兴奋好久了。可一上路就遇到堵车。“好不容易出来旅游一次，还遇上堵车。”琪琪嘟囔着。

看着琪琪嘟起的小嘴，爸爸乐了：“琪琪啊，城市虽然会堵车，但也有许多好处啊！不过，现在的乡村确实是发展得越来越好了。爸爸现在就来考考你。”一听到爸爸要提问了，琪琪赶紧挺直了腰杆，两只眼里都是认真。“琪琪，你听说过黄河石林吗？”

“听说过，听说过！我在地理图册上看到过呢！”一听到是熟悉的知识点，琪琪赶忙兴奋地说道，“黄河石林在之前的黄河旅游大会上被评为‘黄河50景’之一。在这个景区里，石林和黄河紧紧相邻，一边是绿油油的草地，另一边是黄色的戈壁沙漠，两种完全不同的风景隔着一条河相望；石林静静地站立着，而黄河却在不停地奔流，这种动静结合的景象真是让人惊叹不已！”

“没错！琪琪说得可真是太棒啦！”爸爸一点也不吝啬自己的夸赞，“不过接下来要讲的，可能就是你的知识盲区啦。”一听爸爸这样说，琪琪恨不得把耳朵竖起来，连正在开车的哥哥，看到琪琪的认真劲儿都笑

知识点

黄河石林，位于甘肃省白银市景泰县，这个地方真的很大，大约有10平方千米呢！这些奇特的石林是在400万年前形成的，那时候地球上的地壳在不停地运动，加上风和雨的侵蚀，慢慢地就形成了这些黄色砂岩的奇形怪状的石头。这些石林和黄河紧紧相邻，景色非常壮观。你可以看到各种各样的石头，有的像城堡，有的像动物，还有的像巨大的柱子，真是千姿百态，好看极了！

▲甘肃景泰县五佛乡，景电工程一期、二期提灌工程管道

了。“我要讲的就是景电工程。”爸爸也笑着说道。

“景电工程就在黄河石林景区里面。虽然景泰县有黄河经过，但由于地势太高，以前人们没法用黄河水来灌溉农田，只能眼巴巴地看着河水流过。但是这个工程改变了这一切，它给缺水的景泰县带来了希望，让这里发生了翻天覆地的变化。现在，景泰县和周围的环境都变好了，经济发展也加快了，曾经荒凉的地方变成了丰收的好地方。不过，由于当地的自然条件非常恶劣，建造这个工程真的非常困难，花了很大的力气才完成。好在最后的结果非常好。”

爸爸摸了摸琪琪的小脑袋继续说道：“还不止这些呢！因为景电工程建得比较早，它的运行能力正在慢慢下降。”“太可惜了吧！”琪琪感叹道。“别急，甘肃省并没有放弃它，而是让它继续发挥作用。他们利用黄河石林景区的优势，把景电工程重新粉刷、修整了一下，打造了一个漂

▼黄河石林国家地质公园

亮的‘彩虹工程’，还建了一个景电工程主题公园和博物馆，成了景泰县的新景点呢！”

“景泰县真是把‘旅游’这块招牌做到了极致啊。”听了爸爸的话，琪琪有感而发。“旅游并不单单是看美景、吃美食，更多的是让游客了解当地或景点背后的文化。唯有文化最动人，这才是旅游产业发展的长远之道啊！”爸爸语重心长地对琪琪说。

▲甘肃景泰县，景电工程一期、二期提灌工程总泵站

小小地理学家的话

景泰县位于甘肃省白银市，2019年入选全国农业创新创业典型县。景泰县气候干旱。近年来，景泰县一直在努力发展旅游业，特别是以黄河石林景区为主的一个大项目。他们建了很多新的设施，让游客们玩得更开心，同时也非常注意保护环境，不让美丽的自然风景受到破坏。此外，他们还努力提升当地的文化特色，让更多人了解和喜欢这里的故事和传统。景泰县的整体旅游形象变得越来越好，吸引了越来越多的人来参观游玩。

沙漠湿地绿新生

琪琪坐在餐桌前享用美味的早餐，爸爸随手翻弄着日历，翻到2月2日那张后，爸爸突然想到了一个知识点，便问琪琪："琪琪，你知道2月2日是什么节日吗？"琪琪想了半天也不知道是什么日子，只好求爸爸告诉他。"是世界湿地日。那我再考考你，你知道黄河流域西部地区的第一个国家级湿地公园位于哪座城市吗？"爸爸又给琪琪出难题了。

"让我猜一猜，是不是银川？"琪琪不确定地小声答道。爸爸赞赏地说道："琪琪真聪明，就是银川国家湿地公园，它也是中国第三个国家湿地公园。公园处于西北腹地的银川平原，年降水量仅约200毫米，每年的蒸发量却高达1600毫米。尽管如此，它并没有变成一片沙漠。在2018年10月的迪拜《湿地公约》大会上，联合国宣布银川成为中国首批'国际湿地城市'之一，全球也只有18个城市获得了这个称号。银川有5个国家湿地公园、1个国家城市湿地公园、6个自治区级湿地公园，还有将近200个自然湖泊和

▾红嘴鸥

▲宁夏银川鸣翠湖国家湿地公园

沼泽湿地。”

“可是爸爸，不管怎么说，银川是地处干旱内陆的城市，为什么会拥有国家级湿地公园呢？我想这一定是当地人付出了很多努力才有的结果吧？”琪琪询问道。爸爸赞同地点点头：“没错，把沙漠变成绿洲真的不容易。银川市通过农田灌溉、渠道补水和再生水利用等多种方法，为湿地提供了足够的水源。他们还进行了退田还湖和湖泊清淤等工程，扩大了湖泊面积，保持了湿地的水资源平衡。此外，他们还建了很多沉淀池，种了许多水生植物，来净化水质，改善环境。”

“爸爸，那我们什么时候也去银川国家湿地公园看看吧。”琪琪兴冲冲地提议道。“好呀，现在银川已经把湿地变成了一个很有名的旅游景点，吸引了很多人来参观，旅游业也促进了当地经济的发展。除了银川国家湿地公园这块金字招牌，银川市还有好多独具特色的湿地公园，比如属于黄河

▼宁夏银川鸣翠湖国家湿地公园

▲红嘴鸥

河流湿地的黄沙古渡国家湿地公园，到了旅游旺季总会吸引很多游客前往观赏，在辽阔的天空下，黄沙与碧湖相连，非常美丽。”爸爸爽快地答应道。

“另外，银川湿地能打造精品旅游品牌还有一个关键法宝，你知道是什么吗？”爸爸关键时刻又开始卖起关子来。见琪琪急得团团转，爸爸决定不逗他了，解答道："是鸟！特别是红嘴鸥。每年冬天，这些鸟从西伯利亚飞到南方过冬，春天再飞回北方。很多红嘴鸥会在银川停留休息，这也吸引了很多爱鸟的人来这儿观鸟，促进了当地旅游业的发展。”

“我明白了，说银川市为了恢复和保持湿地付出了很多努力，耗费了

很多人力物力，打造出了具有地方特色同时又被大众喜爱的银川旅游品牌，从而又促进了经济的发展。”琪琪兴奋地说道。“没错，你说得很对，这样的做法才是真正的可持续发展，既促进了经济，又保护了生态，实现了双赢。”爸爸附和道。

小小地理学家的话

湿地的恢复与保护，改善了银川的生态环境，而国际湿地城市的美誉，更是为丝路明珠魅力银川新添了一张耀眼的国际名片。

金黄色的向日葵花海里藏着景泰县的秘密，一场“葵花之约”正等着你去探索

金色花海迎客来

吃过午饭，琪琪和爸爸一起坐在沙发上边嗑瓜子边听戏，享受静谧的午后时光。见琪琪嗑瓜子嗑得十分起劲儿，爸爸提问道："琪琪，你可知道这瓜子是从哪儿来的？"琪琪毫不犹豫地答道："当然是向日葵啦。"但却忍不住在心里小声嘀咕：爸爸也太小瞧我了吧，居然问我这么简单的问题。随即琪琪突然又想：自己长这么大，都还没在现实中见过向日葵呢。

于是，琪琪便央求爸爸带他去花市见一见真正的向日葵。到达花市后，爸爸直接买了一束向日葵送给琪琪。琪琪对这“初次见面”的向日葵喜欢得不得了，不停赞美向日葵是自己心中最可爱的花。爸爸发现琪琪对向日葵溢于言表的喜爱之情便附和道："向日葵也叫葵花，给人一种积极乐观热情的感觉，很多人都喜欢向日葵。在甘肃白银就有一个县城，通过种植向日葵带动当地旅游业的发展，助推经济腾飞。""啊！是真的吗？"琪琪不可思议地瞪大双眼，随即又安静下来，认真听爸爸接着往下讲。

“甘肃省白银市的景泰县，随着水利工程的修建，人们在戈壁滩新开垦出几万亩的葵花种植基地，由于这里的自然条件十分适宜向日葵的生长，所以这里的向日葵长得特别好。每到夏季向日葵开花，几万亩的向日葵追着太阳转，金黄的花朵恰似灿烂的夏日。想象一下，如果你置身于金色的花海，绝美的景致肯定会让你沉醉其中。”爸爸一边说一边露出一副陶醉的模样。听着爸爸的描述，琪琪的思绪也跟着来到了美丽的向日葵花海。

“近几年，景泰县用美丽的向日葵花田作为主要的宣传品牌，吸引了很多游客前来参观。这不仅带动了各个产业的发展，还打造了一个属于自己的‘景泰葵花节’品牌，发展了特色旅游业。这样一来，既

知识点

因其花盘总是朝着太阳转而得名向日葵、朝阳花、太阳花。其花语是信念、光辉、高傲、忠诚、爱慕，寓意是沉默的爱。

▼向日葵

▼向日葵

让当地的风景变得更美了，也帮助大家增加了收入，走出了一条独具特色的绿色发展道路。”

“哇，还有葵花节，肯定特别有意思，爸爸，下次我们也去看看吧！”琪琪兴冲冲地向爸爸提议。“好呀，虽然爸爸已经去过一次了，但直到现在仍念念不忘呢。”爸爸说道。“爸爸以前去过？那快给我讲讲。”琪琪兴奋地对爸爸说。

“去参加葵花节的时候，你不仅能见到一大片壮观的向日葵，还能深入了解当地的文化和风俗。葵花节就像一个大派对，通过舞蹈、唱歌等表演，展示景泰特有的文化，给游客带来一场精彩的视听盛宴。在葵花节上，你还可以看到各种各样的农产品展览，帮助当地农民卖出他们的产品，促进农业的发展。此外，你还可以体验当地居民的生活方式，感受那里的风土人情，品尝美味的特色食物。总之，葵花节是一个充满乐趣和惊喜的地方！”爸爸耐心地给琪琪讲自己的感受。

见琪琪听得沉醉，爸爸接着说：“每年的葵花节，都有十多万来自世界各地的游客前来赴葵花之约。人们在万亩葵园中徜徉，赏当地传统文化戏剧，品景泰特色小吃。除此之外，景泰县还积极开展各类系列活动，例如通过直播秀、宿帐篷、看星空、品鉴地方特产等系列活动的形式，让游客在葵花园中尽情感受景泰县的独特自然风光。

小小地理学家的话

近年来，白银市利用自己独特的风土人情和特色文化，再加上当地适宜的自然条件，大力发展旅游业。他们积极开拓旅游市场，把旅游业和文化产业结合起来，不断改善旅游设施，提高服务质量，努力打造自己的旅游品牌，走出了一条适合当地的旅游发展之路。

景泰县采用了“旅游+”的方式，通过“农旅融合”和“文旅融合”，在发展旅游业的同时，也带动了农业和文化产业的发展，实现了三个产业的融合发展。

每年8月，景泰县都会举办葵花节，吸引来自全国各地的游客。在这个盛会上，大家不仅能欣赏到美丽的向日葵花田，还能品尝到当地的特色农产品和美食，参观各种精彩的旅游景点。通过这种方式，景泰县不仅展示了美丽的风景，还让更多人了解了这里的风土人情和文化底蕴。

蓝黄交汇游东营

放学后，琪琪回到家里，爸爸走到琪琪的身边问："琪琪，你可知道现在黄河的入海口在哪儿？"

"爸爸，这可难不倒我。"琪琪自信地说，"黄河最后汇入的是渤海，它的入海口便是渤海与莱州湾交汇处的东营。不仅如此，我还知道在新时代的发展背景下，东营市以打造黄河入海文化旅游目的地作为自己的目标，希望能打响黄河入海品牌，将黄河口生态旅游区，发展成为享誉世界的旅游景区，让世界人民都来欣赏东营独特的黄河风光，向世界传递黄河口的声音。"

"不错，不错，看来琪琪的知识储备是越来越扎实了。"爸爸对琪琪的回答甚是满意。"爸爸，您觉得东营市在打造属于自己独特的旅游品牌时有哪些方面做得比较好？"琪琪给爸爸抛出了一个大问题。

▼山东东营黄河入海口

▼黄河入海口

知识点

蓝黄交汇处，也就是河海交汇的地方，是指黄河水流进大海时形成的特别景象。虽然河水和海水每天都在交汇，但由于黄河的水量和其他一些因素的影响，每年能看到这种美丽景象的机会并不多。这就像是大自然的一个小秘密，只有在特定的时候才会展现出来。

▼黄河口秋意浓

“首先，东营市以黄河入海口作为最大的亮点，这是一个非常好的选择。因为黄河只有一个入海口，而且每个河流的入海口都是独一无二的。这种独特性让东营有了发展旅游业的优势。黄河入海口还孕育出了黄河三角洲湿地，这是中国最大、最完整的湿地之一。”爸爸有条有理地回答道。

“另外，我觉得要打造一个有名的旅游品牌，一定要有特别漂亮的风景。东营就有这样的美景——黄河水汇入大海的地方，也就是蓝黄交汇的地方。记得我们去的时候，看到黄河水像一头狂奔的野兽一样咆哮着冲向大海，黄色的河水和蓝色的大海形成了鲜明的对比，中间有一条清晰的黄蓝分界线，真是太壮观了！这就是大自然送给东营的一份珍贵礼物。”琪琪接过爸爸的话发表自己的意见。

“对，琪琪说得没错，要想打造出一个好的旅游品牌，就必须要有优质的旅游资源。”爸爸先肯定了琪琪的说法，随后又补充道，“除了有美丽的风景外，宣传也很重要。东营市正在努力将黄河口生态旅游区和孙子文化旅游区打造成5A级景区，这样就能吸引更多游客。

“为了让更多人知道‘黄河入海’这个品牌，东营市还设计了三条特别的旅游路线，让游客更好地欣赏这里的美景。他们还设计了宣传口号和标志，并拍摄了旅游宣传片，这些都帮助东营的旅游品牌变得更加有名。总之，这些年东营市做了很多努力来发展旅游业，不仅带动了其他产业的发展，还让东营的文化品牌越来越响亮。”

琪琪听得入迷了……

小小地理学家的话

近年来，东营市明确了“打造黄河入海文化旅游目的地”的发展目标，在全域旅游的时代背景下，着重发展旅游业，深度挖掘当地的人文底蕴和优质的旅游资源，建立完善丰富的旅游产品体系。以黄河文化为主线、自驾游为主题、景观为表现，打造集文化、景观、休闲、观光为一体的文旅综合体。打造黄河入海文化旅游目的地，是东营市进行产业转型升级、实施新旧动能转换工程的一项重要举措。我们相信，未来的东营将以崭新的面貌——现代化文化旅游目的地出现在大家的眼前。

第四章　绿色生活和发展方式

水养黄河岸边人

宇宙洪荒，万物混沌，生命从水中诞生，从此世界便成了生命的世界。

从地球出现生命到如今遍布生机，水与人类的生活息息相关。黄河流经之地，以黄河之水生衍，但有限的资源注定无法满足生生不息的生命。

绿色生活和发展方式是一种态度，是提倡自然、环保、节俭的生活理

念，可以体现在出行、消费、居住等生活的方方面面，在黄河治理行动中，绿色生活和发展理念必不可少。

上游人口较少，生态脆弱，绿色行动就围绕居民绿色生活理念，推进绿色生活展开；中游的水力资源、泥沙资源丰富，所以中游的绿色行动，可以聚焦水力发电与泥沙资源化利用，为居民生活提供绿色资源；下游经济发展相对较快，人口数量庞大，生活垃圾的处理就成了最急需解决的环境问题，所以下游的“绿色药方”，就是首先要推进垃圾分类，实现垃圾资源化与循环利用。

将绿色环保意识从日常抓起，将其充分融入居民生活中的点点滴滴。当绿色生活意识融入黄河沿岸居民日常生活后，带来的将会是碧水蓝天，人民幸福。

▼沿黄生态防护林带

汾河的清澈流水背后藏着大秘密，绿色治理让这条“水飘带”变得更加美丽动人

汾河清流酿美酒

前几天，爸爸收到山西的朋友寄来的汾酒，拉着琪琪的手说：“说起汾酒，这背后的文化可真不少。”

一提起汾酒文化，爸爸就一下来了精神：“汾酒发源于杏花村。但杏花村的酿酒文化离不开黄河的功劳。作为黄河第二大支流的汾河，才能孕育出香醇浓厚的汾酒。”

“可是……”听到这儿，琪琪有些欲言又止。“怎么了，琪琪？有问题就提出来。”爸爸注意到了琪琪的表情。听见爸爸这么说，琪琪开口问道：“黄河的水这么……这么浑浊，这汾河的水怎么会清呢？又怎么能用来酿

▾汾河风光

酒呢？”

“其实啊，很久以前就已经不用汾河水来酿酒了。”爸爸笑眯眯地说，“现在我们有更科学、更卫生的方法来酿酒。不过，你提到的问题确实很重要。早在2008年，山西省政府就开始了一项叫做‘九大工程治汾河’的绿色治理行动。通过治理汾河的河道，让地下水回升，从而改善水质。”

为了让琪琪有更直观的感受，爸爸略一思索，举了个例子：“比如说‘生态水利’，就是把保护环境和水利工程结合起来。这样既能保护大自然，又能保证水利工程的功能。实在是一举两得啊！。”

琪琪听得连连点头，只听见爸爸又继续说道：“酿酒啊，有了水，米也要好才行。

知识点

生态水利，是一种现代科学化利用水资源的水利方式，主要是指将生态工程与水利工程结合。生态水利就是要尊重和保护大自然，同时合理利用水资源。这样做的目的是让水利工程和自然环境和谐共存，让水利工程能够自然而然地运行，不需要太多的人为干预，从而实现可持续发展。

在治理汾河的过程中，他们还改进了灌溉系统，让农田灌溉变得更科学、更自动。这样一来，农作物的产量和质量都提高了！”

“哇，这治理好用心啊！”听爸爸说了这么多，琪琪语气里是满满的敬佩。爸爸又说道：“汾河可是山西省内的第一大内陆河流，占山西水资源总量的27%，对山西境内的生产生活都有着至关重要的作用。当然要用心治理保护啦！”妈妈给琪琪夹了块肉，语气温柔：“求知虽好，也要吃饭啊。就说到这儿吧，爸爸还要好好品酒呢，琪琪也快把饭吃了吧。”

琪琪乖乖地点头，赶紧埋头吃饭，餐桌上弥漫着温馨的氛围。

小小地理学家的话

汾河是黄河的第二大支流，流经山西省内众多城市。通过一个叫做“九大工程治汾河”的项目，太原市做了很多工作来改善汾河。他们把河道拓宽了，让河水变得更干净，还清理了河里的淤泥。在河边，他们建了很多漂亮的公园和绿色景观带，不仅让河边的环境变美了，还让生活在附近的人们有了更多的休闲地方。

▼汾河景区

从垃圾分类到钢渣变宝，包头市正一步步向着“无废城市”的梦想迈进

“无废城市”

“爸爸，我看到楼下好像在装什么东西！您知道是什么吗？”琪琪一放学回家，就冲进爸爸的书房，兴冲冲地说道。爸爸正在练字，头也没抬地回道：“是新的垃圾桶。为了更好地保护环境，要开始大力推广垃圾分类喽！”

> **知识点**
>
> 工业固体废弃物物联网监控平台就像是一个超级聪明的“废物小管家”。它会把从垃圾产生到被处理掉的整个过程分成不同的部分，然后为每一部分创建一个小系统。这些小系统可以互相协作，帮助我们更好地管理垃圾。

“装新的垃圾桶是为了分出更详细的垃圾门类吗？”琪琪站在书桌前，有些疑惑。“没错，相对之前来说，新的垃圾桶能更好地进行循环利用。”爸爸写下最后一个字，将毛笔架在了笔搁上，走向窗边。琪琪看见案几上爸爸写的“无废城市”，心里正好奇着呢，就听见爸爸开口说道：“说起垃圾分类啊，那我可要考考你了，你知道什么是‘无废城市’？”

琪琪一阵窘迫，支支吾吾地说不出所以然来，只能小声地猜了一句：“是没有废物的城市吗？”

“准确地说，是要把城市里的垃圾减少到最少。”爸爸转过身来，笑眯眯地对琪琪说，“‘无废城市’是一种很先进的城市管理想法，简单来说就是通过推动绿色的生活方式和经济活动，让城市产生的垃圾少一些，而能够再利用的垃圾多一些。这样，我们就能慢慢接近‘无废城市’这个目标。”

琪琪听了之后点了点头，似乎明白了些什么。爸爸接着说：“比如说内蒙古自治区的包头市。你知道吗？包头市是一个工业非常发达的城市，它生产的工业垃圾在全国排名第三。但是，这些垃圾被好好利用的比例却很低，处理掉的更是只有一点点。而且，包头还是黄河上游的一个重要城市，

▼蓝天白云美景如画

那里有很少见的黄河湿地呢。由于地理位置的关系，湿地就挨着城市……”说到这里，爸爸叹了口气，停顿了一下，好像在为这个问题感到担心。

琪琪听后也感叹道 :“是啊。所以当包头市成为‘无废城市’的一员时，他们很快就开始行动了，比如修复废弃的沙坑矿坑，还建了一个可以监控工业垃圾的系统。”

“还有更厉害的呢！”爸爸继续说道，“包头的钢铁行业发明了一种新技术，叫做‘钢渣碳化利用技术’，解决了如何更好地利用钢铁生产剩下

小小地理学家的话

“无废城市”就像是一个超级环保的城市，它鼓励大家用更绿色、更环保的方式来生活和工作。这个想法的重点是尽量减少垃圾的产生，并且把产生的垃圾变成有用的东西。这样，我们既能少制造垃圾，又能更快地利用好这些垃圾，可以说是两全其美。包头市位于内蒙古自治区，它是那里产生最多工业垃圾的地方之一，也是全国最早开始努力减少垃圾污染的城市。创建“无废城市”，不仅能帮助保护黄河边上的美丽湿地，还能让包头市的工业变得更加环保，朝着绿色经济的方向发展。

的废物的问题。”

“钢渣碳化？是把钢渣变成炭的意思吗？”琪琪好奇地问。

“你猜得挺有意思，但不是完全正确哦。”爸爸耐心解释道，“这项技术实际上是将二氧化碳与钢渣结合 在一起，经过化学反应生成新的材料。只要我们在日常生活中坚持做好垃圾分类这样的小事，企业也努力实现绿色生产，那么‘无废城市’的梦想就一定能够实现！”爸爸的话让琪琪觉得充满了希望，决定从现在做起，做一个爱护环境的好孩子。

▲黄河风光

垃圾不再是废物，而是变成了宝贵的资源

垃圾变宝黄河清

马上就要到世界环境日了，为了增强大家的环保意识，学校决定举办环境保护知识大赛。得知消息后，琪琪马上报了名。这不，做完作业后，他正在为比赛精心准备。

“琪琪，也别太紧张了，注意身体。”爸爸端着一杯牛奶走进了琪琪的房间，看着还在台灯下奋笔疾书的琪琪略有些心疼地说。“爸爸，您来得正好，快来考考我，检验检验我的学习成果。”琪琪兴奋地说，“我还正愁没办法模拟比赛情景呢。”

“行啊，那你可答应我，模拟完了立马睡觉。”爸爸一脸无奈，闭上眼想了会，用评委的口吻开口道：“这位选手，请你解释一下什么是‘垃圾资源化’。”

“垃圾资源化，就是把分好类的垃圾通过一些特别的技术处理，让它们变成可以再次使用的东西，这样就能循环利用了。”爸爸一说完问题，琪琪就立刻回答出来了，说得非常流畅。

“比如在黄河下游的一些城市里，人们会把城市和乡村的垃圾分类收

知识点

生活垃圾生物化处理，比如吃剩的饭菜和果皮，有一种特别的方法叫做生物化处理。这种方法主要用来对付那些含有大量有机物质的垃圾。它利用垃圾里的有机物和水分，通过两种方式来分解这些垃圾：一种是堆肥（也就是有氧气参与的发酵），另一种是没有氧气参与的发酵。这样处理后，垃圾会变成有用的沼气和有机肥料。收集起来的沼气可以用来发电或者提纯成天然气，给家家户户提供电能；而那些对大自然友好的有机肥料，则可以用来帮助植物生长，让农田里的作物长得更好。

集起来。他们还会处理家禽和家畜产生的垃圾，把这些垃圾一起放进大机器里进行发酵。发酵后，这些垃圾能变成电能和有机肥料。电能可以直接送到国家电网去，而有机肥料则可以给农民伯伯用来种地，这样就形成了一个很好的废物再利用循环。”

知识点

挖河固堤，即开挖主要河道淤积的泥沙，将其引至其人工堤内，通过沉沙落淤，增加堤坝底部重量与体积，降低水流流速，达到加固河道两岸的堤坝的效果。这种方式常见于我国黄河下游地区，施工方式以船挖为主。船挖，即不让河道断流，在水中利用组合泵和挖泥船等设备进行挖河疏浚。

▲垃圾分类示范点

小小地理学家的话

黄河下游的城市发展得很快，人口越来越多，工厂也越来越多。但是，随着城市和工业的快速发展，垃圾也变得更多了，有些能源也开始不够用，自然环境也慢慢变差了。为了保护环境，让城市能够持续健康地发展，黄河下游的地方政府采取了一些聪明的办法。他们把垃圾变成有用的东西，比如通过垃圾分类和处理，把垃圾变成肥料或者能源，这样既可以减少垃圾，又能帮助解决能源不足的问题。此外，黄河里的泥沙很多，这也是个大问题。为了解决这个问题，人们想出了各种办法来利用这些泥沙，比如用来加固河堤、制作建筑材料等。这样一来，不仅减少了黄河里的泥沙，还把这些泥沙变成了对人们有用的东西，真是一举两得呢！

爸爸听了之后点了点头，满脸都是赞许："说得好啊，琪琪！你知道吗，在黄河下游还有另一种'废物'也能被好好利用呢。猜猜看是什么？给你个小提示：正是因为它，黄河才被称为'黄'河哦。"琪琪想了想，试探着问道："是黄河里的泥沙吗？"

"没错，就是黄河里的泥沙！"听到琪琪答对了，爸爸笑得眼睛都弯成了月牙儿，"黄河是世界上含沙量最大的河流之一。水少沙多，这会让河道变得越来越窄。而且，泥沙不断堆积，有时两岸的河床甚至比地面还要高，这就形成了所谓的'地上河'。"

看到爸爸又要讲新知识，琪琪赶紧拿出小本子准备记笔记。"所以，处理黄河里的泥沙是个很重要的任务。我们来看看河南省是怎么做的。河南省采取了一种叫做'挖河固堤'的方法。简单来说，就是从黄河里挖出泥沙来加固河岸。这样做不仅能让河水更顺畅地流动，保护河岸不被冲垮，还能把这些原本废弃的泥沙变成有用的材料，节省了不少建筑用料。真是既解决了问题，又变废为宝，真是一举多得啊！"

听完爸爸的讲解，琪琪还沉浸在对知识的回味中，这时只听见中气十足的一声："你看看，这一聊都这么晚了。"爸爸指着墙上的钟表，催琪琪快去休息："我们可不能搞'废寝忘食'那一套，身体才是革命的本钱！琪琪，快去睡觉吧。"

琪琪立刻带着新获得的知识，香甜地进入了梦乡。

吴忠市用绿意装点黄河岸边，打造了一个水城交融、花香四溢的美丽家园

黄河岸边绿丝带

听爸爸讲述黄河沿岸的璀璨的现代文明后，琪琪一直想一览黄河风采。琪琪一家人利用假期，一同来到了黄河沿岸的吴忠市，一睹黄河风采。

一路上，爸爸不住地赞叹："真不愧是绿色城市的典范。"琪琪也趴在车窗前欣喜地说："是啊，是啊，道路两旁都是绿色植物，配合潺潺流水，有一种悠然田园的安宁呢！"

爸爸笑道："哟，琪琪现在说话都像个小诗人呢。不过除了绿色植被，吴忠市的'绿色'，还大有门道。"

安顿好住宿以后，爸爸带着琪琪到外面散步，并继续向琪琪解释着吴忠市的"绿色"门道："黄河河段有69千米都流经吴忠市的境内，所以吴忠市就有了天然的黄河水域优势，当地政府就希望借此打造出一座绿色城市，水中有城，城中有绿，让人人都生活在琪琪说的'安宁'里。"

琪琪听得入神，很是羡慕这样的生活，接着问道："爸爸，那吴忠市具体是怎么做的呢？"

爸爸见琪琪感兴趣，便饶有兴致地说道："提到这吴忠市为市民打造绿色生活的方式呢，还真是值得研究，他们讲究'一街一景、一路一品'，道路两旁都栽种着30~50米风格各异的绿化带，既美观又环保，道路的绿化面积总共达到了5000多亩。"

琪琪环顾两旁的绿色植物，肯定地点了点头，听爸爸继续往下说："吴忠市还有盛元、开元、秦韵、唐风四大广场，更有20多处公共绿地供市民休闲，栽种不同花期的花卉，实现了三季有花、四季有景的绿色效果，同时，吴忠市的旅游业和服务业也得以发展。"

琪琪一脸崇拜地感叹道："这可真是一举多得啊！"

爸爸说道："是啊，还不止如此呢，吴忠市城区南、北、东三面的古城，共有四个乡镇，还打造了一个以种植高酸苹果为主的经济绿色果林，

实现了经济与生态发展的良好融合，也真正让吴忠市变成了一座绿色环绕下的静谧小城。除此之外，经济林中还打造了一个集休闲娱乐、生态观光为一体的绿色苗圃，栽种着多达65.4万株像榆叶梅、丁香这样的观赏植物。这就是水、绿、

知识点

高酸苹果，属蔷薇科双子叶植物纲，果实体形硕大，平均单个果实重达260克，圆锥形，果肉呈乳白色，肉质松脆，汁液丰富，酸味清新，产量高，糖分高，生长旺盛，抗逆性好，是欧洲著名的加工类苹果优良品种。

▾宁夏吴忠市，高速公路边的风力发电厂

城三种元素的完美交融。”

“爸爸，让我说，这就是水自城中流、城在林中建、人在绿中现。”琪琪摇头晃脑地做起了诗。

“嗬，琪琪真是太有文采了。”爸爸赞叹道。

“我希望我们的家乡，以及更多地方可以学习吴忠市，像吴忠市一样，既能发展经济，又能保持绿色生态，希望我们都可以探索属于自己的绿色生活方式。”琪琪像个小哲学家一样讲起了道理。

“对，爸爸和琪琪一起去探索。”爸爸欣慰地说。

黄河岸边的“塞上江南”风景如画

黄河绿岸塞上景

在吴忠市游玩的这几天，琪琪越来越喜欢这座绿色城市，一有空就在网上搜索当地有哪些好吃的、好玩的。这天，琪琪看到一条“宁夏黄河金

▼青铜峡水电站大坝

岸”的新闻，原来，黄河岸边不只一座吴忠市这样的绿色城市，这可又打开了琪琪的话匣子。

“爸爸，爸爸，您给我讲讲什么是宁夏黄河金岸，好不好？”琪琪迫不及待地去问爸爸。

“这个啊，爸爸还得好好想想。”爸爸翻了翻新闻，“在这儿！黄河金岸可是宁夏的精华地带，形成了一个沿黄经济区，吴忠市的发展思路就是来源于此。”

琪琪兴奋地说：“爸爸，您快仔细讲讲。”

“好，这黄河金岸的战略，分了好几个层面，听爸爸慢慢讲给你听。

有句话这样说：‘天下黄河富宁夏。’这黄河，流经宁夏中部和北部的流程足足有397千米，而90%以上的资源都集中在了沿黄经济区。你说，这儿是不是就有了得天独厚的发展条件呢？”爸爸解释道。

“是啊，那这397千米中都有哪些资源呢？”琪琪问。

“首先，就像我们提到的吴忠市一样，沿黄经济区在发展过程中都发挥着各自的特色和优势，宁夏的优势之一就是耕地面积宽阔，气候条件也十分优越，属温带大陆性气候，由于昼夜温差大，作物的有机质积累比较丰富，品质高，销量就好。同时，这里还修建了各种水利设施，有着‘黄河水利博物馆’的美誉，有水有田，也成就了独特的‘塞上江南’，吸引着大量的游客来此体验观光。”爸爸耐心地解释道。

▼西夏陵

小小地理学家的话

现在，黄河沿岸已经建起了一些特别的小镇，这些小镇结合了自然美景、地方特色和丰富的文化。它们既保护了环境，又发展了商业、产业和旅游业。这种从宁夏开始的发展方式，让大家学会了怎样在保护大自然的同时，还能让经济更好地发展，这是一种绿色发展的聪明办法。

琪琪全神贯注地听爸爸描绘着这一派旖旎的风光，爸爸接着又讲道："沿黄经济区着力发展的还有极具魅力的民族风物。在那里，我们可以领略回族的饮食、节日、服饰、民间艺术、游戏等民俗民风，而当地政府也十分珍惜这一资源，将其发扬光大，借此宣传推广宁夏独特的旅游文化，随着越来越多的人了解宁夏，走进宁夏，颇具特色的回族文化也成了宁夏文化走向世界的鲜亮名片，这也是绿色经济发展的一堂生动实践课！"

"哇，这可太有智慧啦，爸爸还有什么要讲的吗？"琪琪意犹未尽地问。

"还有啊。西夏遗址文化摆到了世人眼前，比如西夏王陵，方圆40多平方千米，大气磅礴，被称为'东方金字塔'。还有宁夏奇特的大漠风光，有中华黄河楼，有黄河水，交相辉映，沙水相依，秀美又雄壮。这些都是宁夏宝贵的旅游资源，也是宁夏发展绿色经济绝佳的载体呀！"爸爸啧啧称赞。

"我明白啦，沿黄经济区就是做了一个加法，把宁夏的民族文化、耕地资源、旅游资源加在了一起，才发挥出了不可小觑的能量。"琪琪说道。

"琪琪说得没错，城市的发展就应该这样，充分认识自己的特色和优势，把优势加在一起发力，就能探索出一条属于自己的阳关大道。"爸爸回应道。

水力与阳光携手，龙羊峡的发电奇迹正等着我们去探索……

水光共舞发电新

吃过午饭，琪琪捧着一本地理科普书读起来，书上有一章讲清洁能源，提到了各种不同的发电方式及其优劣势。琪琪的小脑瓜里顿时冒出了一个奇思妙想：有没有什么方法可以同时发挥它们的优势、弥补劣势呢？琪琪冥思苦想了许久也想不出答案，只好去请教爸爸。

爸爸正在练字，听完琪琪的想法，放下手中的毛笔，拍拍琪琪的肩膀赞赏地说："琪琪真是一个爱动脑筋、爱思考的好孩子。琪琪刚刚提到的疑问其实已经实现了，我国在龙羊峡建成了全球最大的以水光互补的龙羊峡光伏电站，在全球开创了传统能源与新能源协调运行的先河。"

琪琪听得有点迷糊，不解地问："水光互补是指光伏发电和水力发电相互补充吗？""没错。"爸爸肯定地点了点头。琪琪脑袋里此时的疑问更多了："龙羊峡位于黄河上游，地势险峻，落差高，因此水电资源丰富，可以发展水力发电，但它怎么发展光伏产业呢？"琪琪疑惑地挠挠头。

"龙羊峡位于青海省，青海平均海拔高，接受太阳辐射强，有充足的阳光，且加上青海土地广袤、地广人稀，更适合发展光伏产业。"爸爸解释道。

听了爸爸的话，琪琪赞同地点点头，但心中仍有疑惑："青海省同时具备发展水力发电和光伏发电的自然条件，这点我懂了，那科学家又是如何将这两种发电方式结合起来的呢？"

爸爸回答道："科学家采取将水力发电融入光伏发电，组合成一个电源再输送入电网的方式，将光伏变成一个优质的电源，使电网更加稳定可靠。而所谓的水光互补是指天气晴朗、太阳光照强烈时，以光伏发电为主，然后停用或少发水电；而当出现阴雨天气或者傍晚的时候，就主要通过电网调度系统自动调节水电发电，这种做法很好地发挥出两种发电方式的优势，根据不同的情况选择合适的发电方式，达到资源利用最

小小地理学家的话

龙羊峡水光互补光伏发电站就像是一个超级聪明的发电站。科学家们通过不断的研究和创新，找到了一种特别厉害的技术——光电互补。这种技术让水电和太阳能发电能够互相帮助，一起工作。这项技术不仅推动了全世界大规模使用水力和太阳能结合发电的发展，还创造了一个非常神奇的故事，被称为“水光奇迹”。它为我们国家提供了一种新的清洁能源发展方式，让水力发电和太阳能发电可以手拉手，共同为我们的生活带来清洁、绿色的电力。

大化的效果。”听了爸爸的这番讲解，琪琪才总算弄明白水光互补运用的原理。

琪琪回想起刚刚看的书上也有写道：光伏发电因其清洁、方便的优势受到越来越多的企业的喜爱，成为目前增速最快、最受追捧的发电方式，但其间歇性、波动性和随机性的缺点也在一定程度上阻碍了其更好发展。于是琪琪便对爸爸说：“如今通过光电互补技术，既能充分发挥太阳能发电所具备的安全可靠无污染、不受资源分布地域的限制等优点，又能很好地弥补光伏产业所具有的不稳定性大、受天气和时间的影响大等缺点。”

“没错，琪琪说得很对。水光互补技术的成熟，不仅解决了光伏行业弃光问题，也为清洁能源互补互足奠定了基础，实现水电和光伏发电的完美结合。因为光电互补技术的出现，龙羊峡水光互补光伏电站每年可以生产更多的电，为全国更多地区的人民送上电力资源，推动了这些地区的发展，带来了良好的社会经济和社会生态环境效益。通过这一电站，2016年江苏就用上了青海电，实现了青海清洁能源首次跨区外销。”爸爸赞叹道。

“不仅如此，水光互补光伏发电站也在一定程度上改善了项目区的生态环境。因为在发展的过程中，人们通过种植碱草等植物进行光伏支架形式研究，使光伏板下的风速减小、蒸发量减少，有利于水源的保持和减缓土地荒漠化的进程。”爸爸接着说。

“同时除了光电互补，当地还探索出牧光互补，因为日益生长的草场会对光伏发电造成影响，当地人便选择在草场放羊，这样羊既吃掉了草，又使当地贫困户通过养羊增收，改善他们的生活条件。”之后，爸爸又和琪琪讲解了几点关于发展水光互补光伏发电站的好处。

知识点

新能源要同时符合蕴藏丰富不会枯竭和安全、干净两个条件，其中太阳能是最理想的新能源。

▼光伏发电

小浪底调水护家园

趁着周末，琪琪跟着爸爸前往洛阳市孟津县小浪底村，观赏治理黄河的关键水利工程——小浪底水利枢纽工程。它不仅是中国治黄史上的丰碑，也是我国跨世纪第二大水利工程，更是世界水利工程史上最具有挑战性的工程之一。

小浪底风景区被评为“国家级水利风景区”，它分为东西南北四大精华景区，分别是西霞湖、大坝湿地公园、张岭半岛度假区和黄河三峡，四个景区各有其独特的魅力，如同镶嵌在母亲河上的四颗珍珠，吸引着无数游客前来观赏。

爸爸对这个伟大工程充满了敬意，一路上都在认真地给琪琪科普其厉害之处。“琪琪，你知道吗？如果没有小浪底水库的话，黄河每年不知道会有多少旱涝灾害，黄河沿岸也会增加很多受灾的百姓，可以说，小浪底工程是中国治黄史上一座闪耀的丰碑。”爸爸认真地为琪琪讲解。

“爸爸，我知道，我们地理老师课上讲过，一般水利枢纽都具有防汛、

▼小浪底水利枢纽工程排沙口

发电、航运等作用。”琪琪认真地说道。“没错，琪琪说得很对，这些功能小浪底工程都具备。但是小浪底的战略地位十分重要，因为它处于控制黄河下游水沙关键部位，担负着下游防洪、防凌、供水、排沙、发电等各项事宜。当然它的主要功能还是治沙防洪，发电等是它的辅助功能。”爸爸补充道。

知识点

小浪底水利枢纽工程是黄河治理中的一个非常重要的项目。它主要是为了防止洪水、冰凌灾害，以及减少河里的泥沙。除此之外，这个工程还能提供干净的水给大家用，帮助农民伯伯灌溉农田，还能用来发电呢！

一路上琪琪很兴奋，一直拿着照相机拍个不停，还不住地感叹：“太美啦，太美啦！”爸爸被琪琪逗乐了，笑着说：“小浪底水利枢纽风景区已经在防洪、发电的基础上，逐步发展成集实用与观赏价值于一体的旅游胜地，它奇绝秀丽的自然风光和壮观伟大的人文景色，吸引着来自世界各地的游客一览它的风采。”但是，爸爸又惋惜地说道：“主要是我们来的时候不对，太晚了，要是在暑假前来的话就能亲眼观赏到它一年一度的调水调沙活动。”

“调沙活动是做什么？为什么要调沙？”琪琪不解地问。“黄河流经黄土高原携带了大量泥沙，造成下游河道泥沙淤积，河床不断抬高，给沿河城市和居民带来了巨大的防洪压力，威胁百姓的人身和财产安全。后来专家便想到利用每年六七月份水库泄洪腾库容的机会，联动调节小浪底和三

▼黄河小浪底水利枢纽工程

▼黄河三峡风景区

门峡水库，利用先进的手段进行研究，科学计算出该以多大流量冲刷河床和排沙后再实施，通过这种方式把大量的泥沙排出，减少下游的泥沙含量，降低下游河床，减少洪涝灾害的发生。为黄河两岸的城市和居民保驾护航。”爸爸细心地解释。

“这个我听懂啦，但是爸爸，这个调水调沙工作很值得看吗？为什么您刚刚觉得那么遗憾？”琪琪继续问。“对呀，这一年一度的调沙活动其壮观程度不亚于钱塘江大潮，奔流湍急的水势与陡绝险峻的峭壁构成了惊心动魄的画面，给人以惊险刺激之感。李白所写的‘飞湍瀑流争喧豗，砯崖转石万壑雷’也不过如此。”爸爸再次感叹道。

“对了，爸爸，我记得河南还有三门峡工程，它和小浪底有什么关系呢？”琪琪突然想到了一个问题。“其实啊，小浪底水利枢纽的修建，在很大程度上借鉴了三门峡的经验教训，具备正确估计上游水土保持拦沙的能力，以及放弃高水位的蓄水运行方式，这也是小浪底水利枢纽工程可以成为黄河下游防洪减淤工程中最佳方案的原因之一。”爸爸耐心地解答琪琪的疑惑。

听了爸爸的一番介绍后，琪琪内心充满了自豪，他骄傲地说：“中国有这么多伟大的水利工程，这些水利枢纽不仅便利了民生，改善了沿岸百姓的生活，也为世界水利工程提供了借鉴。”

昔日黄沙漫天的乌海市，如今变成了绿意盎然的大漠湖城，还种出了甘甜的葡萄

荒漠绿洲葡萄酒

“爸爸，我有好东西要送给您。”琪琪抱着一束花，兴冲冲地奔进书房找爸爸。爸爸此时正在专心致志地临摹一幅山水画，被琪琪急吼吼的样子吓了一跳，以为出了什么事情。没想到琪琪把一束花递进爸爸怀里，得意地说：“爸爸，今天我的演讲比赛得了一等奖，这束花送给您，和我一起分享成功的喜悦吧。”

听到琪琪说的这个好消息，爸爸也十分高兴，拉着琪琪在椅子上坐下询问道：“快跟爸爸说说，你演讲比赛的主题是什么呀？”“这次比赛提供了三个关键词：奉献、青春和奋斗。”琪琪回答道。

爸爸细细揣摩了这三个词，又看向琪琪问道：“那你围绕这三个词讲了什么内容呢？”琪琪晃晃小脑袋，装模作样地说：“我讲的可是把荒漠变绿洲的塞罕坝建设者哦。”

“不错，不错。”爸爸赞赏

▼黄河风光

地摸摸琪琪的头，接着又给琪琪抛了个难题：“除了塞罕坝，你还知道有哪些城市也书写了荒漠变绿洲的奇迹呢？”琪琪想了一会儿也没能想出来，只得无奈地向爸爸请教。

“其实在内蒙古自治区就有一个荒漠变奇迹的绿色城市建设典范，它已从昔日‘煤都’转型成为大漠湖城，它就是乌海市。”

“乌海市常年干旱少雨，多大风天气，曾经的乌海市经常黄沙漫天，掀起一阵阵‘黄色风暴’，有些地方甚至寸草难觅，‘房前房后遭沙埋，柏

▲塞罕坝秋景

油马路沙子盖'，是对乌海市的真实写照。可现在通过一代又一代乌海市人民的不断努力，黄沙漫天的景象一去不复返，取而代之的是出门见绿，开窗即景。"

"那爸爸可以给我讲讲他们具体是怎么做的吗？"爸爸的一番话成功激起了琪琪的好奇心。

"当然可以啦。在过去的十多年里，乌海市将生态建设当作最大的民心和民生工程重点推进，进行了多项重点林业生态工程的建设，例如对黄河库区大坝进行绿化等，使曾经荒凉的土地一点点绿了起来。"

说完爸爸像是突然想起了什么，拉着琪琪走到储藏室，然后从包装精美的礼盒里拿出一瓶色泽上好的葡萄酒递给琪琪，说道："你看，这瓶葡萄酒就来自乌海市。"

琪琪不明白荒漠化治理怎么突然转到葡萄酒上了。看见琪琪一头雾水的模样，爸爸并不多说，而是继续提问道："在荒漠化治理进程中，乌海市逐渐摸索开辟出一条独具特色的产业发展之路，你猜猜是什么？"看着爸爸手上拿的酒瓶，琪琪大胆猜测道："是种葡萄吗？""对，没错，就是进行葡萄种植。乌海市在荒漠中花费十几年的时间辛勤种植，日积月累才慢慢培育出了千余亩葡萄园，在酿造出甘美的葡萄酒的同时，也给光秃秃的荒漠披上了绿色的新装。"爸爸回答道。

"之所以选择发展葡萄酒业，还是遵循着因地制宜的原则，因为乌海市身处大陆深处，属于典型的大陆性气候，昼夜温差大、日照时间长、无霜期长，有利于葡萄糖分的积累，这些得天独厚的自然条件可以培育出风味佳、糖度高、色泽鲜艳的乌海市葡萄，而甘甜可口的葡萄自然就酿造出高品质的优质葡萄酒。"爸爸耐心地为琪琪讲解。

琪琪目不转睛地盯着爸爸手里的葡萄酒，爸爸笑着戳戳他的头说："乌海市的葡萄酒享誉盛名，远销海内外，等琪琪成年了，爸爸就送你一瓶。"琪琪满意地点点头。爸爸接着说道："近些年来，乌海市把绿色城市建设和荒漠化治理作为发展的首要任务，又依托当地的葡萄酒业在推动经济发展的同时，在一定程度上治理了荒漠化问题，乌海市人民用自己的实际行动践行可持续发展的理论，通过种植葡萄、发展葡萄酒业走出了一条独特的绿色发展道路，乌海市也成了绿色城市建设的典范。"

后记

从提笔到付梓，这位名叫琪琪的小男孩和爸爸已然在无数次的策划会中、键盘声中有了越来越清晰的轮廓，他和我们的读者一起探寻不同的学科领域，感受不同的学术氛围。回顾琪琪和爸爸走过的每一处知识王国，每一册图书的正式出版，背后都少不了认真付出的学者与编辑。我们回顾过往，感谢每一位创作者的付出和希望出版社编辑的辛勤耕耘。

感谢该系列丛书的主编许强教授，他立足于我国黄河和黄土高原的保护治理之千秋大计，和读者们一起探寻黄河上中下游自然景观、历史沉淀、文明传承、环境保护以及绿色发展的点点滴滴。此外亦要感谢该系列丛书的课题支持：国家自然科学基金重大项目课题（课题编号：41790445）；四川省社科规划普及项目（课题编号：SC20KP021）。同时，丛书也是成都理工大学的国家自然资源科普基地、四川省科普基地和四川省社科普及基地团队合作的成果。

琪琪的故事还在未完待续中，期待您和这个小男孩一起，解锁不同知识殿堂的更多可能。